智·库·丛·书
（2021年）

新时期重庆成长型产业研究

XINSHIQI CHONGQING
CHENGZHANGXING CHANYE YANJIU

吴家农　杨庆育　江成山
胡红兵　杨正华　朱　茂　等著

西南大学出版社
国家一级出版社　全国百佳图书出版单位

图书在版编目(CIP)数据

新时期重庆成长型产业研究/吴家农等著. — 重庆：西南大学出版社,2021.11
（智库丛书.2021年）
ISBN 978-7-5697-1158-5

Ⅰ.①新… Ⅱ.①吴… Ⅲ.①产业发展—研究—重庆 Ⅳ.①F269.277.19

中国版本图书馆CIP数据核字（2021）第219853号

新时期重庆成长型产业研究

吴家农　杨庆育　江成山
胡红兵　杨正华　朱　茂　等　著

责任编辑	王传佳
责任校对	张　丽
封面设计	尚品视觉 CASTALY
排　　版	李　燕
出版发行	西南大学出版社（原西南师范大学出版社）
	地址：重庆市北碚区天生路2号
	邮编：400715
印　　刷	重庆荟文印务有限公司
幅面尺寸	170 mm×240 mm
印　　张	13.25
插　　页	2
字　　数	190千字
版　　次	2021年11月　第1版
印　　次	2021年11月　第1次
书　　号	ISBN 978-7-5697-1158-5
定　　价	52.00元

2021年智库丛书编审组成员

编审组组长：童小平

主　编　审：吴家农

编审组副组长：严晓光　刘嗣方　米本家　易小光

编审委员：黄朝永　马明媛　王明瑛　欧阳林
　　　　　张　波　蔡　焘　李　敬　丁　瑶
　　　　　周林军　童昌蓉　江成山　孙凌宇
　　　　　何靖波

目录 CONTENTS

一

成长型产业的内涵特征与重庆"十四五"重点成长型产业的选择
……………………………………………………………… 3

新时期现代服务业经济的发展特征与趋势探讨 …………… 50

重庆汽车后市场发展研究 …………………………………… 68

二

关于重庆未来十五年物流业发展的定位、布局和组织中心建设
问题的思考 ……………………………………………… 129

以工业互联网和智能制造牵引推动重庆制造业高质量发展
……………………………………………………………… 145

抓住"十四五"黄金机遇期大力发展重庆文化旅游业 ………… 159

关注培育重庆通用航空产业的成长 ………… 169

推进重庆市金融科技产业在"十四五"加快成长 ………… 177

三

把重庆打造成立足西部、辐射东盟的西部金融中心 ………… 193

对重庆产业空间布局的认识 ………… 201

一

成长型产业的内涵特征与重庆"十四五"重点成长型产业的选择[*]

(2020年6月)

全球新一轮产业分工和贸易格局加快重塑,我国产业高质量发展环境将面临深刻变化。贸易保护主义不断抬头,发达国家对我国"卡脖子"技术的封锁力度加大。我国产业发展进入从规模增长向质量提升的重要窗口期,部分产业外迁或转移步伐加快等产业发展环境正发生深刻变革。同时,我国具有的超大规模内需市场、要素供给、深化改革、扩大开放等方面也存在产业发展的有利因素。"十四五"时期,国家将着力培育发展成长型产业,以推动我国经济结构调整,实现新旧动能顺畅接续转换,抢占全球产业发展制高点。重庆市充分利用全球新一轮科技革命和产业变革机遇,在打造"智造重镇""智慧名城"的同时积极主动培育成长型产业,对推动重庆产业高质量发展,发现经济发展的"引擎式"新增长点,实现新旧动能顺畅接续转换具有重要意义。

---

[*] 课题组组长:吴家农;课题组副组长:严晓光;课题组成员:马明媛、丁瑶、余贵玲、李权。

一、成长型产业的内涵特征

(一)成长型产业概念溯源

"成长型产业"概念来源于施蒂格勒的"产业生命周期理论"。产业生命周期是指因为其存在的微观基础——企业、产品或市场、技术存在周期性的变化规律,从而引起产业从产生、壮大到衰亡具有阶段性和规律性的动态变化过程。[①]根据一个产业在全部产业中所占比重的大小及其增长速度的变化,其产业生命周期可以划分为形成期、成长期、成熟期和衰退期四个阶段。[②]"产业成长"是一个有机系统,是指单个产业经历其生命周期的一种过程,即其演化历程,或者说是一个产业在国民经济中所存在的延续过程。其表现为时间上的形成、壮大、成熟与衰退以及空间上的扩散与转移过程。

目前,社会上和理论界尚未对"成长型产业"形成一个权威公认的内涵界定。要识别产业处于产业生命周期的哪个阶段,主要从市场增长性、需求增长率、产品品种、竞争者数量、进入壁垒和退出壁垒、技术变革、用户购买行为等方面来判断。一般来说,处于成长阶段的产业具有以下特点:

(1)市场不确定因素减少,产业发展迅猛,增长性很高;

(2)市场需求呈现高速增长态势;

[①] 焦彦东,王大庆,王江丽,等.基于产业成长理论分析国外绿色农业的发展[J].世界农业,2013(10):90—93.

[②] 刘婷,平瑛.产业生命周期理论研究进展[J].湖南农业科学,2009(8):93—96.

(3)产品品种由形成期的单一品种转为多样化品种;

(4)竞争者数量增多;

(5)进入壁垒逐渐提高;

(6)产业技术逐步完善和成熟,技术变革渐趋定型;

(7)用户购买行为比较明朗。

结合上述内容,我们认为,"成长型产业"就是指那些处于产业生命周期中成长、壮大阶段的产业门类。对于一个地区而言,成长型产业应当是适应这个地区的发展阶段,代表着先进技术进步方向,具有较强的持续发展潜力、渗透性、市场竞争力和较高市场认可度,整体表现出市场扩张态势,发展速度受宏观经济周期影响较小的产业。

(二)成长型产业(产业成长阶段)的特征

结合理论与实践,我们从以下六个不同维度来剖析"成长型产业"的特征。

1. 产业生命周期维度:处于成长阶段

产业生命周期是20世纪80年代在产品生命周期理论和企业生命周期理论基础上发展起来的,指某个产业在市场上从产生、成长到完全退出社会经济活动所经历的时间周期,也可称为产业演进。该理论主要对产业发展的过程按照一定的标准进行阶段划分,一般分为形成期、成长期、成熟期和衰退期四个阶段。

成长型产业处于本产业生命周期的成长阶段,产品生产技术逐渐成熟,增长速度较快,市场需求迅速增长,集中表现为产业规模迅速壮大。在技术方面,产品生产技术逐渐稳定,产品质量较高,技术标准体系逐步完善,技术研发、销售等方面的费用占比下降,开始形成自身的核心竞争力;在消费市场方面,产品被消费者广泛接受,未来需求迅速增长,市场占有率逐渐提高;在产业竞争方面,产业进入壁垒低,产业集中度相对较低,价格竞争激烈,产业利润较高,企业横向并购动机强;在产业规模方面,产业规模不断扩大,改变单一化产品模式,产业发展速度受经济周期影响较小;在产业组织制度方面,产业组织制度逐步规范化。

2. 科技创新维度:具有科技进步性

产业的形成与演化跟技术创新密切相关,技术创新是新兴产业形成的根本推动力。对技术创新如何推动产业演化的研究可追溯到熊彼特的创新理论。熊彼特将产业创新划分为两种类型:一种为创新进入壁垒较低、创新活动分散在众多企业、企业进入和退出较为频繁的产业创新模式;另外一种为创新进入壁垒较高、创新活动集中在少数企业、进入和退出频率较小的产业创新模式。美国经济学家纳尔逊(Nelson)和温特(Winter)提出了产业演化模型,认为相对陈旧的技术将逐步被市场淘汰,经济领域也存在类似生物进化论的"自然选择"。

成长型产业代表技术进步的方向。世界产业发展史就是一部产业发展和替换的历史,每次新产业的形成和发展,实质都是一个技术产业化过程,其背后是技术创新的推动。一是技术创新推动了产业演化。历史上三次科技革命带动了产业革命,催生了纺织、冶金、铁路、电力电气、汽车、电子计算机、航天航空等产业。当前处于以新一代信息技术、基因等生物技术、新材料技术为代表的第四次工业革命过程中,以重大技术突破和重大发展需求为基础,代表技术进步方向的知识技术密集型产业,对经济社会全局和长远发展具有重大引领带动作用,都应属于成长型产业。二是产业发展反过来也推动了技术创新,并为技术创新营造有利环境和条件。三是成长型产业代表的技术通常处于相对成熟的阶段,即将或正在进入可以大规模产业化的阶段。

3.可持续发展维度:具有绿色环保特征

具有可持续性的产业具有更强的生命力。可持续发展理论是指既满足当代人的需要,又不对后代人满足其需要的能力构成危害的发展,可持续发展理论的最终目的是达到共同、协调、公平、高效、多维的发展。循环经济是一种以资源的高效利用和循环利用为核心,以"减量化、再利用、资源化"为原则,以低消耗、低排放、高效率为基本特征,符合可持续发展理念的经济增长模式。总之,体现在产业发展上,就是用绿色发展理念引领产业发展,着眼于人与自然和谐共荣的价值取向,致力于构建生产发展、生活富余、生态良好的文明发展,实现人与自然和谐共生、永续发展的新型产业发展方式。

成长型产业以更加科学化、绿色化、生态化的方式来推动产业发展,保护、修复自然生态环境,减少能源消耗。世界各国更加积极地追求绿色、低碳、可持续发展,绿色经济、低碳经济、循环经济蓬勃发展。欧盟将环境污染治理、环保产业发展、新能源

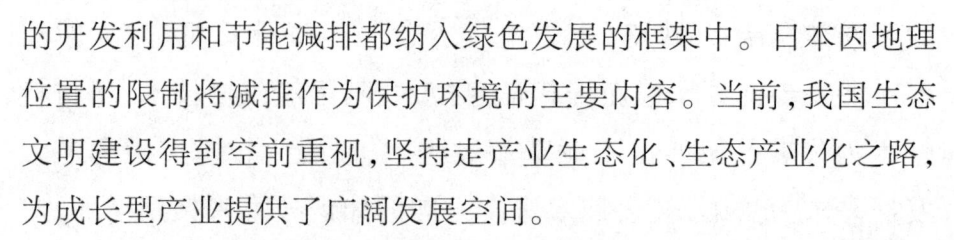

的开发利用和节能减排都纳入绿色发展的框架中。日本因地理位置的限制将减排作为保护环境的主要内容。当前,我国生态文明建设得到空前重视,坚持走产业生态化、生态产业化之路,为成长型产业提供了广阔发展空间。

4.产业链维度:具有较强渗透性

成长型产业具有较高价值及渗透各个产业的能力。产业链是一种以价值为纽带的技术经济关联性,这种纽带能够决定和影响节点产业产品主要价值部分连接所构成的链,产业链描述了产业内各类企业的职能定位及相互关系,说明了产业的市场结构形态。产业链理论一般分为产业价值链理论和产业供应链理论。产业价值链理论主要从价值创造过程去定义产业链,产业链的高附加值部分的创新最有可能衍生出成长型产业。产业供应链理论主要从企业间关系去定义产业链。

成长型产业具有跨界融合性。具有颠覆渗透、扩展传统产业链及产业组织的技术所推动形成的产业最有可能成为成长型产业。伴随新兴技术的成功研发和转化,以某一新兴技术为辐射带动,可以带动一批相关企业发展。新兴成长型产业广泛渗入传统产业,可促进产业结构、产品结构升级换代,渗入社会、经济、生活各个层面,从而产生巨大的经济效益和社会效益。当前,随着新一代信息技术的发展,互联网与制造业的融合,商业模式和组织模式的创新,电子商务、新媒体成为典型的成长型产业。

5.地域维度：具有产业基础及要素支撑

成长型产业跟地区经济发展阶段相关。根据产业演进规律及发展实际，发达地区的成长型产业多数为现代服务业，欠发达地区的成长型产业在三次产业中均可出现。有些产业虽然处于市场成熟发展期，具备固定的消费市场，如烟草、酒类、茶叶、建筑材料等成熟型产业，但是通过引入现代技术，仍然可能成为成长型产业。建立在现代科学技术和农业机械基础上发展起来的有机农业、循环农业、健康农业等也可被打造为成长型产业。

成长型产业跟地区产业发展基础及所需资源禀赋相关。具有较好的资源条件和发展基础支撑的产业更容易发展为成长型产业。如果一个地区自身资源禀赋较好、产业发展基础要素支撑较强，该地区的产业可逐步形成产业竞争优势，即使当前产业规模较小，仍可从政府层面将其培育成成长型产业。

6.时间维度：具有随时间而演变的特性

成长型产业不是一成不变的，其具有时代性。随着经济社会的快速发展，很多成长型产业很快会发展壮大，成为竞争力强大、产业链不断延伸、对多个行业甚至地区经济发展产生重大影响的支柱产业。有些不符合市场需求或者竞争过度的成长型产业则可能进入衰退阶段，逐步被淘汰。

不同的成长型产业具有不同的生命周期。不同的成长型产业对应的技术进步周期不同，对应的经济发展阶段不同，因而具有不同的生命力，如传统轻纺业、电子信息产业、汽车产业、摩托车产业、生物制药产业具有不同的生命周期。

(三)成长型产业与相关概念的关系

1. 成长型产业与三次产业的关系

三次产业即农业、工业、服务业,成长型产业在农业、工业、服务业中均可能产生。目前我国处于工业化后期阶段,成长型产业在工业中占比较大。随着我国经济社会的发展,服务业中的成长型产业将会逐渐增多。

2. 成长型产业与支柱产业的关系

成长型产业总体上具有重大创新、高成长速度、高智能化、高端服务等突出特点,成长型产业不一定是支柱产业,但其有成为支柱产业的趋势。支柱产业是国家或地区产业体系中占比较高的产业。前者属于从多维度来识别的产业类别,而支柱产业仅是从产业规模比重来识别的产业类别,有些支柱产业不一定代表重大创新方向,未来还可能发展速度越来越慢。两者的共同点是都会随时间进程的推移而发生变化。

3. 成长型产业与现代产业体系的关系

现代产业体系也属于一个没有科学界定的模糊概念,在各类讲话中使用相对比较频繁,但是国家权威部门尚未给予明确界定。我国学者陈世清研究员认为:"现代产业体系属于发展经济学概念,现代产业体系是以智慧经济(含数字经济)为主导、大健康产业为核心、现代农业为基础、通过五大产业(农业、工业、服务业、信息业、知识业)的融合实现产业升级、经济高质量发展的产业形态。创新性、再生性、生态性、系统性、规模性、精准性是现代产业体系的本质特征。现代产业体系既是发达国家可持续发展的产业形态,也是智慧经济时代发展中国家实现赶超战略的产业形态。"现代化是一个过程,是不断发展变化的,所以,现代产业体系在不同国家有不同的实际内涵。从这个角度讲,成长型产业与现代产业体系包含的产业在某些层面是一致的。成长型产业是现代产业体系中最能体现其现代化水平和趋势的产业。

二、重庆"十四五"重点成长型产业的选择

通过对标成长型产业的概念和特点的多维度理解,课题组针对近年来重庆市三次产业中主营业务收入增长情况(体现增长)、新产品产值(体现创新)、万元产值能耗(体现可持续发展)、投入产出表中直接消耗系数和间接消耗系数测算产业影响力系数和感应力系数(体现产业链的渗透、辐射带动)等相关指标进行对比测算,并参考市级相关主管部门意见,结合重庆产业发展实际和未来趋势,考虑不同产业类型的未来市场空间、技术含量、现有发展基础等多种因素,初步筛选出"十四五"时期适合重庆发展、应重点培育的12类成长型产业(详见表1)及其他新经济业态。

表1　重庆"十四五"期间12类成长型产业

序号	成长型产业类别	成长型产业选择标准					
^	^	产业生命周期维度		产业价值链维度	科技创新维度	可持续发展维度	地域维度
^	^	增长速度快	未来市场空间大/产业规模大	产业渗透力强/辐射带动作用大	技术含量高	绿色环保	现有基础好
1	新一代信息技术（集成电路、新型显示、智能终端、人工智能、物联网）	√	√	√	√		√
2	新材料（轻合金材料、电子材料、高分子复合材料）	√	√	√	√	√	√
3	高端制造（智能机器人、航空航天装备、轨道交通装备、文旅装备、农机装备、风电装备）	√	√	√	√		√
4	生物医药（生物药、现代中药、化学药、医疗器械）	√	√	√	√		√
5	汽车（新能源汽车、智能网联汽车、汽车后市场服务）	√	√		√	√	√

续表

序号	成长型产业类别	成长型产业选择标准					
		产业生命周期维度	产业价值链维度	科技创新维度	可持续发展维度	地域维度
		增长速度快	未来市场空间大/产业规模大	产业渗透力强/辐射带动作用大	技术含量高	绿色环保	现有基础好
6	新能源(生物质能、智能电网、氢能)	√	√			√	
7	节能环保(环保装备、资源循环利用)	√	√			√	√
8	数字创意(数字内容、工业设计、5G新媒体)	√	√			√	√
9	新型消费品(绿色农副产品、特色轻纺、文创消费品)		√				√
10	文化旅游(康养旅游、乡村休闲旅游、民宿旅居)	√	√			√	√
11	新型金融(金融科技、供应链金融)	√	√	√			√
12	其他成长型服务业(电子商务、冷链物流、服务外包)		√			√	√

（一）新一代信息技术（集成电路、新型显示、智能终端、人工智能、物联网）

新一代信息技术产业是国家战略性新兴产业，根据重庆的产业基础，其中集成电路、新型显示、智能终端、人工智能、物联网等将是典型的成长型产业。

1. 集成电路

集成电路是电子信息产业核心零部件，未来市场需求量大，预计2025年全国市场规模将突破2万亿元[①]。其技术含量高，每三年就更新一代，是重庆"十四五"时期技术创新重点方向。目前，重庆市已初步建成"IC设计—晶圆制造—封装测试及原材料配套"的全流程体系。2019年，重庆集成电路产量为33.71亿块，产量排名全国第九，同比增长5.2倍。随着信息技术与传统产业的深入融合，集成电路跨界融合能力不断加强，运用领域将越来越广，辐射带动能力将进一步增强。

2. 新型显示

新型显示是电子信息产业核心零部件，产品附加值较高。由于与家电、汽车产业等其他产业融合发展较为密切，市场对新型显示需求量大。新型显示制造技术含量高，在显示技术和应用领域上创新较多。我国是全球重要的新型显示制造基地，新型显示产量仅次于韩国，位居世界第二。重庆从2013年开始培育新型显示产业，目前基本形成玻璃基板—液晶面板—显示模组—终端器件的全产业链。2019年，重庆液晶显示屏产量2.18亿

---

① 参考前瞻产业研究院相关研究数据预测。

片,同比增加1.5倍。

3. 智能终端

全球已经迈入智能终端大规模普及阶段,智能终端产品需求量大。智能终端产品呈跨界融合和多元化趋势,与汽车、家居产业等产业的融合不断深入,附加值不断提高,未来市场前景巨大。智能终端产业涵盖芯片制造、电子材料、传感器、通信、信息安全等众多领域的技术革新,是重庆市"十四五"时期技术创新重点方向。根据现有基础,未来重庆可重点在智能手机、智能家居等领域实现快速增长。

（1）智能手机。

随着5G网络的建设及运用,未来以5G手机为代表的智能手机市场前景好。2019年,重庆手机产量在全国排名第三,其中智能手机产量为9878.4万台。国内排名前20的品牌手机企业已有7家在渝落户,全市现有37家规上手机生产企业,配套企业400余家。

（2）智能家居。

预计2025年全球智能家居市场规模将达到1353亿美元[1]。2019年,中国智能家居市场规模达到1530亿元,是全球仅次于美国的第二大市场,未来市场前景大。[2]重庆智能家居产业发展已具雏形,2014年全球首个智能家居产业平台(基地)落户南岸

---

[1]参考Markets and Markets发布的市场报告。

[2]参考iiMedia Research（艾媒咨询）发布的《2020中国智能硬件行业发展全景研究报告》。

区,南岸、永川、长寿、开州、梁平等多个区县相继启动了智能家居产业园建设,格力、美的、康佳、海尔、TCL等国内家电行业的主要企业都已在重庆建立了生产基地。

4. 人工智能

人工智能领域市场空间巨大,预计到2022年,中国人工智能产业规模将达到300亿美元[①]。人工智能产业辐射带动作用大,可带动传统产业革故鼎新,人工智能是全球科技创新的核心领域。目前,重庆在人脸识别等人工智能技术领域具有优势,是国家新一代人工智能创新发展试验区,提出了"6个1"具体工作举措[②],未来将重点开展人工智能应用场景示范及推广,建设人工智能新基建项目,搭建人工智能创新生态平台、人工智能产业云平台等。

5. 物联网

全球正加速构建物联网生态系统,物联网将成为移动通信网之后的新的信息技术推动力。物联网是未来新一代信息技术发展重点、创新集中的产业,是重庆市"十四五"时期技术创新重点方向。重庆物联网在工业互联网、车联网运营平台等方面具有一定基础,拥有中移物联网、四联集团等龙头企业,全市从事

---

① 参考中国电子学会,中国数字经济百人会与北京旷视科技有限公司共同编制的《新一代人工智能产业白皮书(2019年)——主要应用场景研判》。

② "6个1"具体是指"计划在3年内,突破人工智能新技术100项,研制人工智能新产品100个,开展人工智能十大应用场景示范及推广,建设人工智能十大新基建项目,开展人工智能十大创新政策新探索,推进人工智能十大产业化应用新工程"。

物联网研发、制造、运营的单位有300余家。2019年,重庆物联网核心产业产值已超过752亿元,同比增长35.9%。

(1)工业互联网。

国家工业互联网标识解析顶级节点(重庆)已启动运行并连接贵阳等地的二级节点,全国十大工业互联网平台已有7家落户重庆并设立西部总部,在渝工业互联网服务企业数量接近200家。

(2)车联网。

已建成"全国车联网监管与服务公共平台""全国道路货运车辆公共监管与服务平台""车生活后服务平台""车联网开放平台""电子智能卡系统"等全国领先的产业平台。

(二)新材料(轻合金材料、电子材料、高分子复合材料)

轻合金材料、电子材料、高分子复合材料等新材料产业,符合国家战略布局和产业发展方向,属于成长型产业。新材料行业市场发展空间大,2019年,我国新材料产业市场规模达到4.48万亿元,预计2019—2023年年均复合增长率约为18.15%。

1. 轻合金材料

目前,发达国家金属材料技术呈现轻量化、高纯化、绿色化发展的趋势,先进金属材料产业是提升制造业价值链的重要保障。高新技术铝合金、钛合金等轻合金材料可满足航空航天、轨道交通装备、智能终端、新能源汽车等领域的发展需求,市场空间潜力较大。重庆金属材料产业具有明显的技术优势,已初步构建起以铝合金为代表的轻量化合金产业框架，聚集了忠旺集团、西南铝业、奥博铝材等一批具有较强行业影响力和知名度的铝合金骨干企业，镁合金汽车零部件、纺织机械镁合金产品等在行业中影响很大。2018年，重庆市铝产业年产值约500亿元。

2. 电子材料

在新一轮绿色化、复合化、智能化科技创新驱动下，电子材料产业规模快速增长，成为全球制造业战略竞争的重要领域。未来电子材料市场需求空间广阔，高纯单晶硅晶圆材料及其关键电子材料配套可满足集成电路、液晶面板和印制电路板产业的强劲需求，稀土电极材料可满足新能源汽车、智能网联汽车、智能产业等领域的移动电源配套需求，高纯金属及金属化合物材料可满足锂电池、LED显示屏等配套需求。电子材料细分领域众多，而且在材料精度、品质、稳定性等方面的要求高于传统材料，具备研发、工艺和设备壁垒。重庆电子材料产业主要分布在两江新区等区域，半导体材料和锂电池材料等关键战略材料规模化制造领域发展很快，积极引进培育石墨烯、增材制造粉体等前沿新材料技术，取得了较好的成效。

3. 高分子复合材料

高分子复合材料应用广泛。生活消费品制造、电子信息、汽车工业、机械制造、房地产、医疗器械及航天工业等产业的持续高速增长，将大大促进高分子复合材料行业的发展，其未来市场空间潜力较大。目前，发达国家积极推动化工材料技术向清洁生产化、绿色环保化方向发展，加快化工复合材料的应用替代。

重庆正大力推进生态文明建设，加快淘汰污染落后产能，谋划化工新材料技术产业，积极推动化工材料产业高质量发展。高分子复合材料向轻量化、高纯化、资源循环利用方向发展，是未来新材料绿色发展的重点方向，其中高性能树脂、清洁涂料、航空军工复合材料和5G通信设备复合材料等是未来的重点发展领域。重庆高分子复合材料以绿色环保、清洁生产为方向，依托长寿经济技术开发区、涪陵区白涛和龙桥工业园，初步形成了较为完善的产业链条。

（三）高端制造（智能机器人、航空航天装备、轨道交通装备、文旅装备、农机装备、风电装备）

智能机器人、航空航天装备、轨道交通装备、文旅装备、农机装备、风电装备等高端装备制造，符合国家战略布局和产业发展方向，属于装备制造业领域的成长型产业。

1. 智能机器人

随着人工智能技术在机器人领域的深入应用，机器人领域的服务化趋势日益明显，智能机器人越来越广泛地被应用于社会生产生活中，未来市场需求巨大。中国已连续两年成为世界机器人最大消费国。2019年，中国机器人市场规模近400亿美元。总体看，工业机器人正向更多功能、更高自由度、更加灵活的方向发展，而服务机器人将进一步迈向家庭化、产业化、模块化及智能化，人工智能最大的应用市场将出现在服务机器人领域，预计到2024年全球服务机器人的销售额将会达到170亿美元。重庆目前集聚了川崎、广数、华数、罗博泰尔等机器人企业，在机器人传感器、伺服单元等部分功能零部件、成像技术等方面有一定优势，基本具备了机器人研发、整机制造、系统集成、零部件配套、应用服务的全产业链雏形。2018年，生产工业机器人2917台，实现产值100.6亿元。

2. 航空航天装备

《中国制造2025》提出推进直升机、无人机和通用飞机产业化，要求加强航空发动机等关键零部件的研发生产，为各地航空产业发展指明了方向。航空航天装备将逐步推进商业化应用，未来发展空间巨大。航空航天装备技术门槛高，如航空座椅生产标准严格，类似飞机发动机的生产要求。重庆依托两江新区，以重庆通航集团为龙头，吸引集聚了天骄航空动力、皮拉图斯、恩斯特龙等一批航空装备研制企业，主要研制轻型通用飞机、直升机等产品，目前直升机生产已经具备产业化条件，形成了航空发动机、钛合金航空材料等零部件生产能力。同时，还集聚了飞狐航空、华科尔无人机、翼动科技等一批无人机研发生产企业，无人机生产也将实现发展。鸿雁星座、零壹空间等航天企业也落户重庆，低轨卫星通信与空间互联网系统、智能小型运载火箭等航天装备制造初步实现。2016—2019年，重庆市航空、航天器及设备制造业工业总产值年均增速为29.1%，位居全市装备业年均增速第一。

3. 轨道交通装备

随着我国城市轨道交通建设进入快速发展期，主要城市均有多条在建或规划建设的城市轨道线路,未来轨道交通装备制造行业具有较大市场前景。轨道车辆正向更加安全可靠、维护便捷、绿色智能化方向发展。重庆是全球最大的单轨交通装备制造业基地,在跨座式单轨交通车辆研发和生产技术方面的科技创新具有优势。重庆在城市轨道车辆整车制造与零部件配套方面已实现产业化,产业链较为完整,有新车型的研发和车辆牵引、受电弓、控制柜、制动系统等部分关键核心零部件供应以及车辆维修等售后服务。2018年,全市生产城市轨道车辆312辆;2016—2019年,全市城市轨道交通设备制造业工业总产值年均增速为27.7%,位居全市装备业年均增速第二。

4. 文旅装备

以邮轮游艇、露营房车、低空飞行装备等为代表的旅游装备制造业是旅游业与装备制造业融合发展中产生的新兴业态,具有技术含量高、附加值高、产业链长、带动作用大、成长性高等特点。2020年,重庆已经获批全国首个文化旅游装备制造产业园,未来其将带动全市文旅装备产业实现突破发展。

5. 农机装备

随着农村劳动力外出就业趋势明显,未来农业生产将逐渐向"机器替代人力""电脑替代人脑""自主技术替代进口"转变,发展农业机器人是提高资源利用率和农业产出率、推动现代农业高质量发展的必然趋势。我国农机装备正向多功能、智能化、经济型方向发展。目前重庆市高技术、高附加值农机装备产品的自给率不高,部分关键技术与国外还有较大差距,有必要加大自主创新力度,加快推进农机装备关键技术国产化、产业化,为推进乡村振兴战略和农业现代化提供重要支撑。

6. 风电装备

风电作为一种绿色新能源,其发展备受关注,风电装备也实现快速发展。当前,风电智能化趋势明显,将互联网、大数据的思维应用于风电设备制造和风电场运维,必将成为未来发展的趋势。根据世界风能协会(GWEC)的统计,截至2019年底,全球风电累计装机容量为651吉瓦,较2001年增长超过26倍,年均复合增长率为20.12%。根据2019年国家发改委等七部委联合印发的《绿色产业指导目录(2019年版)》,风力发电属于新能源,风力发电装备制造符合绿色产业发展方向,是推进生态文明建设、打赢污染防治攻坚战的有力支撑,也是培育绿色发展新动能、实现高质量发展的重要内容。重庆依托装备生产基础,具备叶片、齿轮箱、发电机、控制系统等关键零部件生产能力,基本形成了整机加零部件的风电装备产业链,产品生产能力主要包括5兆瓦、2.5兆瓦、2兆瓦、850千瓦等系列风力发电机以及孤岛微电网等。2018年,全市风电机组产量700台,变压器4209万千伏安。

(四)生物医药(生物药、现代中药、化学药、医疗器械)

重庆是全国五大老医药工业基地之一,生物药、现代中药、化学药、医疗器械等生物医药产业,符合国家战略布局和产业发展方向,属于成长型产业。

1. 生物药

随着经济增长及慢性病患病率的上升,全球生物技术药市场规模持续快速增长,产业重心逐步向亚太地区转移,我国生物药未来市场空间大,预计到2025年,我国生物药市场规模将达到8332亿元。生物药行业具有研发技术难度高、研发周期长、资金投入大等特点,我国将立足基因技术和细胞工程等先进技术带来的革命性转变,加速新药创制和产业化,推动医药产业转型升级,更好地满足临床用药和产业向中高端发展的需求。全市已形成了集医疗数据挖掘应用、新药开发、器械和耗材生产、产品流通于一体的生物医药产业链雏形,太极集团、伍舒芳、中元生物等龙头企业的带动效应明显,培育了"胶囊内窥镜""海扶刀""人工心脏"等一批自主创新产品,在前沿生物技术领域布局如细胞治疗药物、抗体药物等高新技术产业,建设两江新区水土产业园、重庆国际生物城等生物医药产业园区,成为全国四个生物制品口岸城市之一。2017—2019年,全市生物药品行业产值年均增速为7.6%。

2. 现代中药

现今,人类崇尚自然疗法的意识日益增强,加之人们对中药认识的加深,中药在预防疾病和治疗慢性病方面的优势更加明显,尤其是在辅助治疗新冠肺炎方面,中药也显现出突出效果。未来,中药行业将释放巨大的发展潜力。互联网、大数据、人工智能等新技术将为医疗服务提升优化释放出巨大空间,"互联网+特色中医"、健康管理与慢性病管理、中医养生保健服务及产品、中药材电子商务、中医药与养老融合发展成为未来发展方向。重庆市中药行业业务模式转变趋势明显,正推动由以丸剂、散剂、膏剂、丹剂、汤剂为主的传统中药模式,转向以胶囊、颗粒、滴丸、片粉剂、注射液、口服液、喷雾剂、气雾剂为主的现代中药模式。重点产品有新型中药制剂、中药饮片及标准提取物,还引进中药保护品种和国家级新药、重大疾病治疗药物。建成涪陵现代中药特色产业基地,已入驻太极集团、葵花药业集团、华兰生物工程等企业,推进中成药制剂国际化,建立与国际接轨的质量标准,如"渝字"品牌中药产品(香雪制药)等。2017—2019年,中药饮片加工产值增速分别为-13.0%、21.9%、14.1%。

3.化学药

随着人口老龄化趋势明显、居民生活水平提高、人们的健康意识加强、社会保障体系不断完善以及医药科技的不断发展,全球市场对化学药品制剂的需求量将持续增加,化学药品制剂行业的市场规模将进一步扩大。重庆市化学药产业规模快速增长,行业结构不断调整优化。2018年,重庆规模以上化学药行业总产值超过200亿元,产值规模超过中药,成为全市医药产业发展第一大支柱。现有规上医药企业200户左右,大新药业是全球最大的洛伐他汀原料药生产企业,凯林制药是我国最大的盐酸克林霉素生产和出口企业,福安药业、圣华曦药业、莱美药业生产的氨曲南原料药占全国的80%以上。

表2　重庆生物医药主要产品及典型企业

类别	主要产品	产业园区及重点企业
化学药	化学制剂：抗肿瘤类药物、抗肝炎类药物、心血管类药物、消化系统类药物、抗精神病类药物等创新药和高端仿制药制剂；通过仿制药一致性评价的me-too仿制药；以药物输送系统（DDS）为特色的me-better产品。化学原料药：化学原料药、中间体，包括高附加值特色原料药、手性医药中间体等。	两江综合性医药产业园：重点发展医疗器械、化学药、生物制药产业，已入驻北大国际医院集团重庆医药生产基地、重庆药友制药生产研发基地、重庆博腾制药科技研发中心、重庆富进生物研发中心、中国干细胞集团、重庆海扶生产基地、陆达生物细胞临床医院等。高新区医药创新孵化园：重点发展生物制药、个性化医疗、研发技术服务等产业，已入驻赛诺生物、前沿生物、中元生物、植恩药业、精准生物、高圣医药、金域医学检验等企业。
中药	新型中药制剂、中药饮片及标准提取物，重点引进中药保护品种和国家级新药、重大疾病治疗药物。推进中成药制剂国际化，建立与国际接轨的质量标准，包括"渝字"品牌中药产品（香雪制药）等。	涪陵现代中药特色产业基地：重点发展现代中药产业，已入驻太极集团、葵花药业集团、常捷医药、重庆中宝生物制药、博雅干细胞科技、华兰生物工程、重庆水年华生物制品、重庆首键医药等企业。荣昌医（兽）药产业园：重点发展现代中药、化学药制剂、兽药等产品，已入驻重庆更尚科技、西农大科信动物药业、重庆通量药业、重庆澳龙生物制品、重庆永建生物技术、重庆泰通动物药业、重庆信心农牧科技、重庆新吉亨动物药业、重庆天龙牧业科技、重庆方通动物药业、重庆华森制药、重庆灵方生物等企业。
生物药	靶向性治疗药物，新型疫苗，防治肿瘤、心血管疾病和自身免疫性疾病等重大疾病的生物药，重组血液制品，细胞制备及治疗，基因检测服务及治疗等。具体产品包括AMH（抗缪勒氏管激素）检测试剂盒产品（重庆早柒天生物科技公司），口服紫杉醇胶囊（美国Athenex公司），单抗药物、长效胰岛素、治疗性肿瘤疫苗（智睿生物），全人源抗EGFR单克隆抗体注射液（智翔金泰）。	巴南重庆国际生物城：已累计引进医药项目30余个，投资总额350亿元，达产产值400多亿元，形成了全市体量最大、项目质量最优的生物医药聚集区。其中，智睿生物投资130亿元建设抗体、长效胰岛素等高端生物药品基地；美国Athenex制药是全市首个大型外资医药项目，将在巴南生产全球最畅销的50余种抗肿瘤药物的口服剂产品；日本参天制药在巴南建设年产8000万只的国内一流眼药水生产基地。

4.医疗器械

随着全球人口自然增长、人口老龄化程度提高以及发展中国家经济快速增长,全球范围内医疗器械市场持续增长。我国医疗器械未来市场潜力巨大,行业集中度将不断提高,人工智能技术、医用机器人、大型医疗设备、应急救援医疗设备、生物三维打印技术和可穿戴设备等方面将出现突破性进步。高新技术医疗设备的基本特征是数字化和计算机化,是多学科、跨领域的现代高技术的结晶,其产品技术含量高、利润高、介入门槛较高。重庆医疗器械产品注册数量保持每年20%以上的增速,产品链条日趋完整,企业创新能力不断增强,具有全球竞争力的高科技产品也不断涌现。2018年,全市医疗仪器设备及器械产量为5024台(套),其中金山科技公司、山外山公司、华伦医疗等龙头企业的主要产品质量得到进一步提升;2017—2019年,全市医疗仪器设备及器械产值增长分别为-22.9%、22.3%、3.9%。

表3 医疗器械产业细分产品情况

产品类别	重庆市重点企业及主要产品	
	重点企业	主要产品
①手术类器械:有源手术器械、无源手术器械、神经和血管手术器械、骨科手术器械 ②有源器械:放射治疗器械,医用成像器械,医	重庆金山科技公司	①胶囊内镜系列:"广角"胶囊式内窥镜系统、"慧图"磁控胶囊胃镜系统 ②胃肠动力诊疗系列:食道阻抗—pH联合监测系统 ③电子内窥镜系列:宫腔观察吸引手术系统 ④手术能量系列:氩气高频电刀 ⑤手术附件系列:内镜用二氧化碳送气装置、内镜用送水装置

续表

产品类别	重庆市重点企业及主要产品	
	重点企业	主要产品
用诊察和监护器械,呼吸、麻醉和急救器械,物理治疗器械,医疗器械消毒灭菌器械,有源植入器械,输血、透析和体外循环器械 ③无源器械:无源植入器械,患者承载器械,注输、护理和防护器械 ④临床科室医疗器械:眼科器械,口腔科器械,妇产科、生殖和避孕器械 ⑤医用康复器械、中医器械 ⑥医用软件	中元生物	体外诊断试剂、生化试剂、POCT仪器及配套试剂
	重庆山外山公司	血液灌流机、持续血液净化系统、血液透析机和血液透析滤过机等系列血液净化设备
	重庆海扶医疗公司	聚焦超声肿瘤治疗系统(JC型)、聚焦超声肿瘤治疗系统(JC200型)、聚焦超声肿瘤治疗系统(JC200D型)
	重庆华伦医疗器械公司	数字高频医用诊断X射线机HLDR-50P悬吊型、高频遥控胃肠医用诊断X射线机HLDR-50数字胃肠型、X射线机图像数字化处理系统HLDR-1、数字高频医用诊断X射线机HLDR-50双立柱型
	重庆天海医疗设备公司	ESR型动态血沉分析仪、便携式数码阴道镜、MCAS型医用微循环图像分析系统、US尿沉渣检测分析仪、全自动血液流变分析仪
	澳凯龙	血液净化医疗服务、血液净化和水处理系列设备,其中澳凯龙SDL-2000H型血液透析机采用微小质量流量计超滤控制系统技术,为全国首创
	重庆康如来科技公司	KRL-HY100型多参数监护仪、KRL-WABP型移动动态血压监测仪、KRL-TMDA型远程心电检测系统、KRL-NM型诱发电位/肌电检测仪

(五)汽车(新能源汽车、智能网联汽车、汽车后市场服务)

新能源汽车及智能网联汽车是国家战略性新兴产业,重庆汽车产业基础好,随着智能技术、新能源技术等在汽车领域的运用,新能源汽车及智能网联汽车是产业转型升级的重点方向,属于成长型产业。

1. 新能源汽车

汽车是国民生活中重要的消费品,随着全球"多国宣布全面禁售燃油汽车时间表",在未来,对新能源汽车的需求量将持续增大。预计到2025年,中国新能源汽车年销量将达到700万辆。①新能源汽车在新能源技术领域创新较多,技术含量高,是重庆市"十四五"时期技术创新重点方向。新能源汽车产业符合绿色发展,可以减少资源消耗和污染排放。重庆现有基础较好,电动和混合动力汽车有一定基础,聚集了一批"电池、电机、电控"核心零部件企业及长安新能源、金康新能源、比亚迪、宇通、华晨鑫源、凯瑞电动汽车等整车企业。2019年,重庆新能源汽车产量5万辆,同比增长24%,产值80亿元,同比增长52%。

表4 重庆新能源汽车"三电"核心零部件布局情况

"三电"	代表企业	企业概况
电池	浙江超威动力	创立于1998年,是专业从事动力型、储能型蓄电池研发和制造的全国行业龙头企业、香港上市公司、全国电池行业等11家发起清洁生产倡议单位之一
	重庆国能动力	主要经营发动机动力技术研发,动力电池生产、销售,电动汽车生产等业务。目前投资建设的年产64亿瓦时单体大容量固态聚合物动力锂离子电池项目已投产,属国内外首创
	重庆特瑞电池	2007年成立,主要从事环保新能源锂电池正极材料的研发、生产与销售

① 参考《新能源汽车产业发展规划(2021—2035年)》的预测。

续表

"三电"	代表企业	企业概况
	五龙动力(重庆)	2011年成立,从事锂离子电池正极材料(包括用于信息电子产品电池、汽车动力电池及储能电池等各种用途的正极材料)的研发、生产以及销售
	重庆恩捷纽米科技	2010年成立,主要经营或服务范围是锂离子电池隔膜的研发、生产和销售
	众泰汽车(浙江)	2003年成立,以汽车整车研发、制造及销售为核心业务,同时开展电池、电芯等产品技术的研发
	东风小康(重庆)	2003年成立,主要经营SUV、MPV、各种微车等车型的研发、生产、销售、服务等业务
	比亚迪(广东)	1995年成立,主要从事锂离子电池以及其他电池、充电器、电子产品、仪器仪表、柔性线路板等的研发、生产及销售
电机	重庆神驰机电	1993年成立,专业从事发电机组、清洗机、电焊机、动力机、变频机、电机、大柴机等的研发、生产及销售
	重庆赛力盟电机	2001年成立,是国家重点企业,是研发、生产和销售各型交流异步电动机、交流同步电动机、直流电动机、汽车电机、轨道牵引电机、水轮发电机及发电机组和其他特殊电机的专业制造厂家
	上海电驱动	2008年成立,主要从事节能与新能源汽车电机驱动系统的研发、生产与销售
电控	长安汽车	1996年成立,从事汽车(含小轿车)开发,汽车发动机系列产品的开发、销售,配套零部件、模具、工具的开发、制造、销售,机械安装工程科技技术咨询服务等
	重庆凯瑞电动	2014年成立,主要从事整车控制器、电机控制器及功率控制器、电驱动总成、电动汽车整车开发及技术服务等
	重庆中力新能源	2015年成立,是一家集新能源汽车研发、销售、核心零部件生产、智能制造、售后服务培训于一体的大型投资管理公司

续表

"三电"	代表企业	企业概况
	重庆无线绿洲	2007年成立,是一家无线物联网平台研发商,提供行业信息化无线专网和数据加工解决方案
	重庆金美通信	主要从事军用、民用通信产品的研发、生产、销售及运维服务,涵盖技术门类有系统集成、交换机系列、数字微波、移动通信及其定位、光纤技术等

2.智能网联汽车

随着人民对智能生活的追求,对智能网联汽车的需求量增大。预计到2030年,全球自动驾驶汽车及出行服务市场规模会达到5000亿美元。[1]到2025年,全国车联网市场规模会达到2000亿元。[2]智能化、网联化和共享化是全球汽车产业创新发展的重点方向,也是重庆市"十四五"时期技术创新重点方向。重庆是国家智能网联汽车示范区,现有基础较好,2018年,全市智能网联汽车行业实现产值400亿元,同比增长53.8%。其中,本土龙头长安汽车已掌握智能互联、智能交互、智能驾驶三大类60余项智能化技术,初步具备HA(高度自动驾驶)智能汽车生产能力,车联网搭载率达58%,智能驾驶搭载率达15%~20%,L4驾驶级别汽车已实现封闭园区示范运营。

3.汽车后市场服务

在成熟的汽车产业链中,汽车后市场服务占比通常能达到50%~60%,而我国目前只占10%左右。2019年,全国汽车后市

---

[1] 参考麦肯锡咨询公司相关数据预测。
[2] 参考腾讯公司相关数据预测。

场规模超过1.33万亿元,是全球第二大市场,未来市场空间潜力大。汽车后市场服务产业在商业模式、金融、技术领域的创新较多。重庆拥有国家机动车质量检验检测中心、重庆车辆检测研究院等汽车检测平台,汽车后市场服务产业的发展在全国具有明显优势。

(六)新能源(生物质能、智能电网、氢能)

新能源产业是国家战略性新兴产业,根据重庆的资源禀赋和产业基础,其中生物质能、智能电网、氢能属于成长型产业。新能源产业市场空间大,比如,近年来,全市电力需求持续增大,2018年,重庆全社会用电量同比增长11.83%,增速位列全国第4位。新能源产业技术含量高,并且新能源领域的技术创新直接影响能源使用效率,符合绿色发展要求,对重庆在长江经济带绿色发展中发挥示范作用有推动作用。

1. 生物质能

生物质能是唯一一种可再生的碳源类能源,符合节能减排、绿色发展的要求。在生物质能发电领域,我国生物质能发电装机量全球排名第二,未来市场前景较大。根据重庆的实际情况,垃圾焚烧发电有一定的发展前景。重庆市已建成的生物质发电项目装机容量共约23万千瓦,计划装机规模扩大11万千瓦。目前,全市的餐厨垃圾提炼生物柴油再进行沼气发电,已实现年收入近亿元。在垃圾焚烧领域拥有重庆三峰环境①等一批优势企业。生物燃料领域中,重庆的生物燃料乙醇产业起步较早,2004年,西南地区第一家生物燃料乙醇企业重庆市环球石化有限公司落户长寿经开区。目前,全市投资建设的生物质燃料项目已核准年生产能力约为80万吨。

2. 智能电网

智能电网作为新一代电力系统,具有高度信息化、自动化、互动化等特征,技术创新较多。近年来,全球加快推进智能电网建设,预计到2023年,全球智能电网市场规模将达613亿美元,年均增长率约为20%②,未来市场前景好。重庆将重点开展智能变电站、电网新基建、农村电网和县域配网领域的智能电网改造,推进智能电网产业发展。

3. 氢能

2020年以来,国家层面已发布多份与氢能相关的政策,氢能产业未来市场前景大。重庆氢能产业处于起步阶段,在上游的化石燃料制氢、副产氢回收制氢等环节有重庆华峰化工有限公司、扬子乙酰有限公司、建滔化工集团有限公司、重庆市映天辉氯碱化工有限公司、重庆卡贝乐化工有限责任公司等公司;在中游的储氢环节拥有中国工程科技发展战略重庆研究院、重庆大

---

① 重庆三峰环境产业集团股份有限公司的垃圾焚烧发电装机容量排名全国第三,具有较强的企业竞争优势。公司起草的多项垃圾发电设备和运行维护行业标准已相继颁布实施,生活垃圾焚烧飞灰无害化处置项目等项目获得国家发明专利,占领垃圾发电行业技术制高点。

② 参考中研普华研究报告《2020—2025年中国智能电网行业全景调研与投资前景预测报告》。

学国家镁合金材料工程技术研究中心、重庆地大工业技术研究院有限公司等研究机构和企业。

表5 2020年国家出台的氢能产业扶持政策汇总

序号	发布部门	文件名称及核心内容
1	国家能源局	《中华人民共和国能源法(征求意见稿)》,氢能首次从法律上被列入能源范畴
2	财政部、工业和信息化部、科技部、发展改革委等四部委	《关于完善新能源汽车推广应用财政补贴政策的通知》,明确开展燃料电池产业化示范应用
3	财政部	向北京市、山西省、上海市、江苏省、河南省、湖北省、广东省、四川省等8家省级财政部门印发《关于征求〈关于开展燃料电池汽车示范推广的通知〉(征求意见稿)意见的函》提出示范期间,要推广超过1000辆达到相关技术指标的燃料电池汽车,平均单车累积用氢运营里程超过3万千米

(七)节能环保(环保装备、资源循环利用)

节能环保产业是国家战略性新兴产业,根据重庆的产业基础,其中环保装备、资源循环利用是成长型产业。随着我国的生态环境治理进入大区域时代,长江大保护、"无废城市"建设等生态环境治理行动的推进,节能环保产业需求量逐渐增大。节能环保产业是一种典型的技术推动型产业,是重庆市"十四五"时期技术创新重点方向,也将引领未来绿色发展方向。2019年,重庆节能环保产业实现营业收入1032亿元,近四年的年均增速接近20%,利润年均增速接近40%。其中污水处理及其再生利用产业在2016—2019年的工业总产值年均增速为178.8%,位居全市工业年均增速第三。

1.环保装备

环保装备是我国环境保护的重要物质基础,是我国战略性新兴产业。近年来,在相关政策的带动下,我国环保设备市场需求量保持增长状态。我国环保设备行业规模将继续扩大,预计到2025年,中国环保设备市场规模将达到1.48万亿元。[①]目前,重庆形成了以中电远达、耐德工业、三峰环境、三峰卡万塔、中天环保、重庆通用工业、再升科技、川仪、新华化工、海特、康达环保等为核心的节能环保装备产业集群,部分装备达到国际领先水平。2018年,全市环境污染防治专用设备产量1835台(套)。

2.资源循环利用

近年来,我国每年产生可回收的再生资源近1亿吨,加上年进口各类再生资源2000多万吨以及工矿企业自收自用的废料,我国每年再生资源回收利用值可达4000多亿元。资源循环利用产业具有较好的社会和环境效益,符合绿色发展要求。资源循环利产业是重庆环保产业五大类之一。2018年,全市资源综合(循环)利用产品及服务业营业收入达337.58亿元,营业利润为34.87亿元。

---

① 参考中商产业研究院研究报告。

（八）数字创意（数字内容、工业设计、5G新媒体）

数字内容、工业设计、5G新媒体等数字创意产业，符合国家战略布局和产业发展方向，属于成长型产业。

1. 数字内容

随着互联网用户数量高速增长，加上疫情常态化影响，游戏产业、动漫产业、数字影视等领域的数字内容用户的增量提升将维持相当长一段时间，数字内容产业未来市场空间潜力巨大。重庆数字内容产业主要集聚于两江新区、高新区、渝中区、永川区等地区，汇集了数千家中小数字创意企业。未来，重庆将依托国家数字经济创新发展试验区建设，规划数字创意集聚区，以IP—技术—体验—消费为产业链布局方向，产业链条将呈现跨界拓展、联动创新的特点。

2. 工业设计

工业设计是推动供给侧结构性改革、提升产业基础能力和产业链水平的重要抓手，未来市场潜力大，预计2023年我国工业设计行业市场规模将突破5000亿元，2019—2023年均复合增长率约为26.44%。随着新一代信息技术的发展和应用，并行化或协同化、综合化、生态化或绿色化等逐渐成为工业设计的新发展趋势，具有较强融合性和渗透性。重庆具有较好发展基础，全市从事设计研发的专业机构（独立法人机构）有1600余户，拥有长安、力帆、宗申、锦晖陶瓷、隆鑫、浪尖渝力等6家国家级工业设计中心，数量位居中、西部前列。2017—2019年，全市工业与专业设计及其他专业技术服务利润总额增速分别为-23.2%、

21.9%、38.6%。

3. 5G新媒体

全国新媒体行业保持高速扩张趋势,2011—2018年产业市场规模从2268亿元增长至9055亿元,年均复合增长率达21.9%。新媒体行业具有科技创新引领性,基于5G的新媒体行业将实现海量数据实时传输,降低网络延时,实现网络性能新的跃升。随着新媒体超清视频业务的流量激增和使用场景的复杂化,新媒体行业经历了发展期(2005—2015年,视频业务实现在线化、高清化、移动化)、成熟期(2016—2018年,大带宽视频时代)、爆发期(2019—2020年,对终端、管道和云端服务提出更高要求)、超视频时代(2020年以后,5G视频时代提升信息传递和图像识别的用户体验)几个发展阶段。

(九)新型消费品(绿色农副产品、特色轻纺、文创消费品)

新型消费品是推动消费品工业高质量发展的重要组成部分,根据重庆的产业基础,其中绿色农副产品、特色轻纺、文创消费品属于成长型产业。

1. 绿色农副产品

随着人们消费水平的提升,绿色农副产品的市场需求量逐渐增大。绿色农副产品在农业产业链中价值较高,而且种植养殖、精加工、新产品开发等环节创新较多。重庆拥有山地生态绿色农产品原材料丰富、品牌多等基础及优势,2018年,全市农副食品产业产值超过1300亿元。

2. 特色轻纺

随着人们消费水平的提升,特色轻纺产品的市场需求量越来越大。高端轻纺在产业链中价值较高,创新活动较多。我国江苏等沿海省市将"高端纺织"作为先进制造业进行打造。纺织服装是重庆市消费品工业的核心组成部分,2018年,重庆特色轻纺产业产值超过800亿元。

3. 文创消费品

随着人们物质生活和精神追求的同步提升,旅游文创产品等文创消费品市场需求逐步扩大,已经成为重要的消费热点之一。文化创意产业需要结合新技术、新媒体,注重营销方式、丰富文化体验形式和文化业态,提升文化资源利用层次,拓展文化产业发展空间。文化创意产业在和工业、数字内容产业、城市建设行业、现代农业等相关行业跨界融合,在"文化+科技""文化+旅游""文化+金融"模式下,升级态势明显。

(十)文化旅游(康养旅游、乡村休闲旅游、民宿旅居)

康养旅游、乡村休闲旅游、民宿旅居等文化旅游业,符合国家战略布局和产业发展方向,成为备受关注的成长型产业。

1. 康养旅游

随着人口老龄化的加剧以及健康中国战略的推动,涵盖养老、养生、医疗、文化、体育、旅游等诸多业态的康养产业开始蓬勃发展,其将继续保持快速发展态势,具有较大市场潜力。我国旅游业总规模实现稳步增长,2010—2018年年均复合增长率达

18.2%，旅游产业正在成为经济增长的重要引擎。旅游产业关联性强，对经济的辐射带动能力强，促进当地产业融合发展，实现"康养+旅游+扶贫"热效应，提高当地居民收入水平。重庆"温泉+健康""温泉+康养""温泉+度假"等温泉产业集群加快建设，引入世界级温泉康养品牌与产品体系"黑维兹"，加快打造世界温泉谷。重庆文旅大IP加速推进，从普通的观光旅游和景区门票出售转向以IP来引领的产业链开发，从传统的游乐设备转为打造IP主题的文化体验项目。2019年，全市接待境内外游客、旅游总收入同比分别增长10.0%和32.1%，住宿业、餐饮业营业额同比分别增长11.3%和13.4%。

2. 乡村休闲旅游

随着居民收入水平不断提高，文化旅游消费大众化、需求品质化、产业现代化成为新的发展趋势，文旅产业正从高速旅游增长阶段转向优质发展阶段。乡村休闲旅游具有强大的生机和广阔的前景，是乡村振兴、脱贫攻坚和农民增收致富的重要抓手，能够实现农业多产化、农村景区化、农民多业化、资源产品化。重庆市乡村旅游产业逐渐呈现集聚化发展趋势，乡村旅游先期发展较好的地区整村、乡镇全域发展乡村旅游产业，同时三产融合正向深度发展。2019年，全市9个村被列为全国首批乡村旅游重点村，6个乡村旅游项目被列为全国乡村旅游发展典型案例；全市乡村旅游综合收入突破800亿元，同比增长18.2%。

3. 民宿旅居

随着人们对共享住宿的认知度不断提升、文化旅游消费升级速度加快、政策法规环境不断完善,共享住宿的房源、用户及交易额将继续保持高速增长,加上用户习惯形成、服务标准完善、制度与政策环境优化,我国共享住宿行业有望迎来新一轮增长,预计未来五年我国共享住宿市场规模将继续保持50%左右的增长速度。《2019中国大陆民宿业发展数据报告》显示,重庆民宿数量为全国第一、好评率进入全国省级行政区前十。未来重庆将从加强法律法规建设、制定统一行业标准、多方参与齐抓共管、充分运用信息技术等方面,促进民宿产业健康有序发展,使之成为旅游经济新的增长点。2019年,全市有各种住宿业态10000家以上,其中重庆市主城区有8000余家;拥有许可资质的酒店、旅馆等有约6000家,剩余的主要是通过网络平台经营的民宿、家庭旅馆等。

(十一)新型金融(金融科技、供应链金融)

金融科技、供应链金融等新型金融业,符合国家战略布局和产业发展方向,有望成为备受关注的成长型产业。

1. 金融科技

随着云计算、大数据、人工智能等信息技术广泛应用于金融业,金融科技产业进入爆发期,目前已覆盖支付结算、存贷款与资本筹集、投资管理、市场设施等多个细分领域,具有较为广阔的市场前景。2018年,全球金融科技产业投融资至少有1097笔,总投资额达634.5亿美元。在移动互联网、大数据、区块链等新理论、新技术以及经济社会发展强烈需求的共同驱动下,金融科技公司和金融机构大量采用新兴技术,金融科技产业落地应用大规模涌现,从资产数字化到数字资产累积,交易和流动效率大大提升,金融科技产业发展进入了新的阶段。2018年,国内金融科技产业融资总笔数占全球一半以上,融资总额占74.7%。金融科技是技术驱动的金融创新,是推动金融业转型升级的新引擎,预计未来全球金融增长点在金融科技,国际金融中心竞争也将聚焦金融科技。重庆金融科技产业具有政策支持力度大、金融产业体系完善、新兴金融业态实现高速增长、传统金融机构金融科技应用广泛深入、金融科技重点平台建设取得积极进展、国家金融科技认证中心获批在渝设立等优势。2019年,全市集聚金融机构近1900家,以CBD为代表的金融集聚区建设取得显著成效;金融业增加值占GDP比重达到8.8%,稳居全国前五、西部第一。

2. 供应链金融

随着市场竞争的日趋激烈,单一企业间的竞争正在向供应链之间的竞争转化,同一供应链内部各方相互依存程度加深。在此背景下,旨在增强供应链生存能力、提高供应链资金运作效率、降低供应链整体管理成本的供应链金融业务得到了迅速发展。供应链金融是近年供应链管理和金融理论发展的新方向,是解决中小企业融资难题、降低融资成本、减少供应链风险等的一个有效手段,具有广阔的市场发展空间。截至2018年末,全国规模以上工业企业应收账款14.3万亿元,比上年增长8.6%;我国供应链金融市场规模超过16万亿元。供应链金融兼具产业和金融的双重属性,尤其是在金融科技的加持下,产业和金融的深度融合是供应链金融发展的必然趋势,供应链金融将更加强调平台化和生态化,供应链金融的线上化将成为主流发展方向。依托中国(重庆)自由贸易试验区、中新(重庆)战略性互联互通示范项目、西部陆海新通道等国家重大开放平台,重庆一直致力于探索陆上贸易规则,已在物流供应链金融创新、美元快付等多方面取得了许多经验。离岸金融结算、跨境电子商务结算、要素市场结算和总部结算等全面开花,在全国首创铁路提单信用证业务等,金融创新深入推进,跨境结算量居中、西部前三,有利于供应链金融和金融科技进一步创新发展。

(十二)其他成长型服务业(电子商务、冷链物流、服务外包)

服务业对推动我国经济高品质发展意义重大,电子商务、冷链物流、服务外包等服务业未来市场空间大,属于成长型产业。

1.电子商务

随着互联网的普及,电子商务未来市场需求量越来越大。电子商务产业辐射带动作用大,是传统商业活动各环节的电子化、网络化、信息化,运用领域越来越广。电子商务是技术创新和商业模式创新较多的行业。电子商务发展的产业发展带动性强,发展速度较快。2019年,全市电商网络零售额1201.6亿元,同比增长25.2%,比全国增速高8.2个百分点。其中,农村网络零售额同比增长超过30%。

2. 冷链物流

随着人民生活消费习惯的改变,冷鲜产品消费认可度将得到不断提升。以疫苗类制品、注射剂等为代表的主要医药冷藏品冷链物流也将迎来巨大的发展空间。预计中国冷链市场规模将在2025年达到人民币5220亿元[①],鉴于新冠肺炎的影响,该预测数据可能将进一步上升[②]。冷链物流符合重庆打造内陆国际物流枢纽的发展目标,属于现代物流业发展的重点之一。预计2020—2025年,全市冷库需求量将累计增长49.4%,年均增长8.36%。重庆近7年冷链总库容量、冷链运输车年均增速分别达到20%和26.6%。未来重庆的冷链物流在冷链农产品生产、冷链库、冷链运输车等方面仍将获得快速发展。

3. 服务外包

服务外包领域技术创新和模式创新较多,随着众包、云外包、平台分包等服务外包新模式不断涌现,服务外包行业未来市场空间大。2019年,重庆离岸服务外包执行额为20.6亿美元,在全国31个服务外包示范城市中排名第八,居中、西部首位,属于全国服务外包示范城市第一梯队。产业聚集效应明显,在两江新区国家火炬计划软件产业基地聚集了全市70%以上的软件服务外包企业。

[①] 参考《2019—2025年中国冷链物流行业市场》(美通社于2019年10月21日报道)。

[②] 参考戴德梁行《新冠肺炎疫情后的复苏——中国冷链物流产业蓬勃发展》报告。

（十三）其他新经济业态（枢纽经济、口岸经济、流量经济、数字经济、分享经济、夜间经济）

在重视传统成长型产业培育的同时，应当时刻关注全球经济发展新动向，重点挖掘枢纽经济、口岸经济、流量经济、数字经济、分享经济、夜间经济等新经济业态中成长速度快、处于产业价值链高端环节的部分，力求培育形成新的成长型产业。

1. 枢纽经济

枢纽经济是一种以水、陆、空等各种交通枢纽为载体，以聚流和辐射为特征，以优化经济要素时空配置为手段，重塑产业空间分工体系，全面提升城市能级的新经济模式。通常以国际性枢纽机场为核心的临空经济区最容易聚集生产、技术、资本、贸易、人才等各种要素，率先发展，形成集聚辐射能力强的经济增长极。伴随着全国多地综合交通枢纽的建设与发展，枢纽经济正成为我国经济转型升级中的新动能。重庆是西部大开发的重要战略支点，处于"一带一路"和长江经济带联结点，具有全国十大机场之一的江北国际机场，正在规划建设第二国际机场，是西部地区唯一港口型国家物流枢纽，具有中欧班列（重庆）、陆海新通道、长江黄金水道等国际物流大通道，具备发展枢纽经济的比较优势条件。未来，重庆以枢纽经济、临空经济为重点，提高港口、铁路、航空、公路的互联互通水平，发展四式联运体系，在两大机场之间的土地开发空间，打造具有国内影响力的临空经济区，参与国际资源配置，融入全球资源要素配置体系，构建开放型经济新体制，打造内陆开放高地。

2. 口岸经济

口岸经济是以直接出入国境(关境、边境)机场、港口和陆路车站等口岸为核心,直接或间接依托口岸而存在和发展的跨行业、跨地域、多层次的复合型经济模式。它以口岸为载体,以国际贸易为基础,以人流、物流、资金流、信息流等要素汇集、组合、交换功能为支撑,带动基础设施建设和贸易、加工、仓储、经济合作、旅游购物、金融等关联产业全面发展,是一种全新的高效经济生态体系。重庆市水、陆、空立体口岸体系基本形成,口岸功能日渐完善,口岸经济加快起步。口岸经济已经成为重庆市构建开放型经济新体制,引领重庆市融入"一带一路"倡议,推动"十四五"及未来更长时间内加快发展的强大动力。

3. 流量经济

流量经济不是狭隘地指互联网经济中网络流量利用的大小以及消费互联网平台领域的流量价值,而是指在经济全球化和开放式发展的背景下,通过人流、资金流、物流、信息流、技术流的流通和加工,通过扩大要素流量,提高流通速度,实现经济发展水平的提升和价值增值,从而形成的一种新的经济发展形态。在人类处于工业社会向信息社会过渡的时代,信息技术的快速发展促进社会生产和生活方式相应发生剧烈变化,迫使生产和流通更加高效和快捷,推动整个经济流量化发展。未来,制造业领域的技术流、金融业领域的资金流、人力资本市场的人才流以及靠前贸易和货物运输的货物流等是流量经济的主战场。重庆制造业和加工贸易发达,金融业占比高,需要大量的高端人才,应当利用流量经济思维吸引更多的市场主体,获取更多的信息,推进产业发展和社会进步。

4. 数字经济

数字经济是由数字信息技术革新驱动的经济发展,它不仅是数字化技术的表现,也不仅是数字化、智能化产业的经济贡献,还包括了所有辅助和影响经济决策的数字化、智能化的经济活动。数字经济并非是独立于传统产业之外的,而是在传统经济基础上产生的,经过现代信息技术提升的高级经济发展形态,它应包括数字经济产业和数字经济融合,即由数字产业化和产业数字化两部分构成。当前数字化的应用领域正从互联网行业向政府、金融、零售、农业、工业、交通、物流、医疗健康等行业深入推进,推动形成产业互联网发展方式和新的产业生态圈,直接影响产品制造和服务的供给端。通过大数据、云计算、人工智能等技术,传统企业从整体上优化组织结构,提升生产效率。重庆市在数字经济制造业和数字经济服务业方面加速成长,数字产业加速向核心区域集聚,数字技术在经济领域的渗透率不断提升,符合经济高质量发展的内在要求,数字经济已成为重庆经济增长的重要支撑。重庆需加快大数据智能化发展,着力构建"芯屏器核网"的智能产业链,打造具有全球影响力的智能产业集群,努力推进制造业智能化,促进产业数字迈上新台阶。

5. 分享经济

分享经济是遵循"使用而不占有"和"不使用即浪费"的核心理念,将社会海量、分散、闲置的资源,通过互联网、云计算、大数据等技术进行平台化、协同化,以集聚、复用与供需匹配,从而实现经济与社会价值最大化利用的新经济业态。分享经济为传统行业带来了新的发展模式,推进消费由"所有权"向"使用权"转变,推动就业形态变革,新型的"平台+个人"的组织模式催生出了大量的灵活就业岗位。未来,分享经济、平台经济与实体经济加速融合,各种崛起的平台型企业加速全球化和生态化布局。即使在当前分享经济"冷静"的发展期,市场规模依然不断扩大。2019年,我国互联网分享经济市场规模超过7万亿元,中国互联网协会分享经济工作委员会预计到2025年,分享经济交易规模占GDP比重将达到20%左右。近年来,重庆的平台经济和分享经济发展已经有一定基础,但是有影响力的平台较少。应当规范化、标准化发展分享经济,大力发展生产过程及生产能力分享、供应链分享、创新资源分享等新型分享服务,打造重庆工业云创新服务平台,实现面向制造企业的设计、制造、检测、试验、维修、仿真、认证等专业服务分享。

6. 夜间经济

夜间经济是属于现代城市休闲经济业态的一部分,不同于一般意义上的夜市,其一般指从当日下午6点到次日凌晨6点所发生的第三产业的消费活动,内容包括晚间购物、餐饮、旅游、沐浴、美容美发、歌舞、影视等等。在全球经济下滑和国内经济下行压力加大的背景下,发展夜间经济可以有效促进消费,带动就业。腾讯联合瞭望智库基于大数据分析发布了《中国城市夜经济影响力报告》(2019),重庆位居"中国十大夜经济影响力城市"

榜首。夜间经济将成为重庆推进国际消费中心城市建设的新动力，应当充分利用虚拟现实等新一代信息技术，在智慧城市、"两江四岸"建设过程中提前谋划夜间经济项目，提高夜间经济所需的交通便利性，突出夜间经济的业态多元、场景融合，提升夜间经济消费场所的专业品质，丰富夜生活业态，打造一批"夜游街区""夜游景区""文化夜市""智慧夜市"等夜间经济示范项目。

三、对策建议

（一）加强组织领导

结合重庆市"智造重镇""智慧名城"建设，加强组织领导，健全工作机制，统筹协调推进重庆市成长型产业发展。强化部门协同和上下联动，建立分工负责机制，各级部门之间要主动沟通，加强协调配合，形成工作合力。市发展改革委、市经信委、市商务委等产业相关主管部门应做好成长型产业的项目策划和储备、跟踪分析和组织评估。推动建立重点行业和重点工作协调推进联席会议制度。各区县政府、开发区结合实际，研究制定具体实施方案，细化政策措施，确保各项任务落实到位。注重营商环境优化，积极打造有利于成长型产业发展的政策环境和市场环境。

(二)落实资金保障

主动加强与国家有关部委的沟通,积极争取中央预算内投资和专项建设基金,发挥中央财政对重庆市成长型产业建设的支持作用。创新融资模式,创新引导资金扶持方式。统筹安排重庆市产业专项发展财政引导资金,重点支持完善配套引进和培育重大成长型产业项目。加强税务部门纳税信用评价与银监部门协作机制创新,扩大银税互动面,提高信用评价得分较高的成长型产业中小企业资金支持力度,弥补现行信用担保融资制度对中小型服务业企业融资支持力度小的缺陷。完善财税补贴奖励政策,对成长型产业资产重组、整合等方式实现改造升级的企业,相关收费项目给予减免。

(三)优先土地保障

优化现有工业用地结构,重点支持成长型产业用地。实行弹性土地出让政策,降低成长型产业发展的土地资源要素成本,采取"先租后让、租让结合"方式向成长型产业项目供应用地。建议实行产业土地的分类管理。鼓励盘活利用低效工业用地,对传统工业企业新建成长型产业项目所需厂房,增加容积率,不增收土地价款。对发展数字创意、电子商务、文化旅游等成长型产业以及科研机构科研用房建设工程的城市建设配套费实行免缴。原国有土地使用权人可通过自主、联营、入股、转让等多种方式对其使用的国有建设用地进行改造开发,用于健康养老、教育科研、数字创意等鼓励发展的服务类及配套设施类成长型产业。

（四）强化人才保障

着力改善制造业智能化的人才集聚环境。加大高校人才的培养力度，深化产教融合、校企合作，大力推行现代学徒制、订单式和"学历+职业教育"等育人模式，培养智能制造所需人才。充分发挥企业引才的主体作用，研究出台专门政策，积极引进具有智能化、数字化技术和制造业背景的复合型人才，尤其应当重视引进与培育同时具备工业软件、工业互联网、自动化工艺技术的复合型人才，积极发现有能力的技术骨干并将其培养成复合型人才。企业参与人才培养的经费可通过提高相关专业生均经费实现，确保培养人才可直接上岗，并定点到重庆企业就业。尽快开展智能化高端人才引进落户"最多跑一次"专项改革，形成线上线下绿色申报通道。建立"平台+项目+人才"的评选引进机制，完善薪酬、税收、社保、医疗、住房、子女入学等配套政策，确保人才引得进，留得住。

新时期现代服务业经济的发展特征与趋势探讨*

—————— （2020年12月）——————

一、传统服务业呈现高成本、低效率的基本特征

任何国家三次产业的发展,都会经历一二三、二三一和三二一的发展过程。认真分析会发现,在传统服务业上升的时候,必然会出现经济发展速度下降的现象。我国从2012年到2019年,服务业持续增长,发展速度却一直下行。2020年评出的中国500强,先进制造业企业增加6家,而现代服务业企业增加8家,第一次超过先进制造业。有人会提出疑问,当制造业的发展没有达到相当高的水平,而服务业却突飞猛进地发展,究竟是不是好事?我认为好坏参半。好在哪儿?好在服务业先导,因为服务业包含生产性服务业。而问题在于服务业发展太快,制造业跟不上,使服务业的现代水平提不高,那么就会像传统服务业那样影响经济发展速度。

---

* 课题组组长:童小平;课题组成员:杨庆育、王明瑛、蒋玲。

应该怎么看待传统服务业的比重在不断上升,甚至引领经济的情况下,整体经济发展速度会减缓呢?对比服务业增加值增速与GDP增速可知,几乎都是服务业发展越快,而GDP增长的速度反而相对低。这究竟是为什么呢?因为在传统的服务业中,生产者和消费者必须是面对面的、近距离的,传统服务必须近距离地交易,不能远距离贸易。比如理发,消费者需要去理发店,或者理发师上门服务,一次服务交易就完了,理发服务不可能进行远距离的贸易。教育、表演、保安、保姆等传统服务业都是这样直接交易的。传统服务业不能像工业那样,进行规模化生产和消费,这就导致传统服务业没有规模效益,生产率也没法提高。但是劳动者却需要不低的报酬。与其他商品相比,传统服务业的服务费用相对更高,西方发达国家很早就是这样了,中国现在也出现了这个现象,所以传统服务业就给我们带来了一个高成本、低效率的时代。

20世纪80年代,我国的产业结构是以制造业为主,当时购买一台黑白电视机大约花费1000元,但雇一个保姆一年的费用只需要500元,制造业与服务业是2:1的关系。而现在,买一台32英寸的彩色电视机价格仍然是1000多元,但是雇佣一个保姆的年均价在5万元左右,好的保姆雇佣费还会更高,二者的比重变为2:100。40年的变化巨大。微博上有一则消息,说有人雇一个年薪50~100万元的管家,对管家的要求是必须懂得理财、品尝红酒、弹钢琴,还要陪雇主周游世界;学历在大学本科以上,会两门以上的外语,掌握开豪车的技能,拥有艺术的气息。可以想象,今后的保姆虽然不至于都达到这种水平,但是对他们的技能要求肯定会越来越高,当然其雇费也会大幅度上升。

从上面这个案例中看出,实际的消费结构根本就没有发生任何变化,但从价值上,产业结构却发生了很大变化。这就导致在服务业主导后,同样资源的投入,其产出的效率会明显下降。

我们依据案例和理论分析可以归纳出传统服务业的三项劣势及特征表现,见表1:

表1 传统服务业的三项劣势及特征表现

三项劣势	特征表现
同步性、不可储备性	其生产过程需要消费者参与,服务的供给和消费同时同地发生;服务是一个过程,"随生随用随灭",生产和消费不能错期
不可远距离贸易	商业零售业只能卖给面对面的顾客,艺术表演和体育比赛服务只能面向现场观众。体育比赛是职业体育产业的核心产品,消费者需要按市场价格购买门票观看比赛,比赛提供者以获得收入和盈利为目的,其本质与文艺演出并无差别
服务业的劳动生产率较低且长期保持不变	服务业的劳动生产率虽未上升,但劳动者的报酬需要提高,结果是服务的价格上升。由于需求增长而劳动生产率提高缓慢,服务业吸纳的就业比例愈来愈高。相应地,经济的总体生产率增长将不可避免地下降

由表1可知:传统服务业的第一项劣势是同步性和不可储备性;第二项劣势是不可远距离贸易;第三项劣势是服务业的劳动生产率较低且长期保持不变,但劳动者的报酬却不断提高。

2∶1和2∶100的案例得出一个结论:传统服务的价格上升,需求增长而劳动生产率提高缓慢,服务业吸纳的就业比例越来越高,相应的经济总体生产率增长下降。

前文谈到,在制造业发展水平不高的情况下,服务业发展很快,究竟是不是好事? 我说喜忧兼有。与大家分享一个观点。在制造业的全链条中,生产性服务业占比是很大的,以大规模集成电路为例进行分析,在研发、设计、封装、制造、金融支持、物流六大环节中,研发、设计、金融支持、物流都是典型的生产性服务,但在计算增加值的时候就全算在产品中了,并没有把其中的服务业剥离出来,但从其劳动特征和本质看,这四个环节属于生产性服务业,这是在统计上需要面对的问题。

由于传统服务不可远距离贸易,服务贸易在全球贸易总额中的比重一直都很低,20世纪70年代,服务贸易占全球贸易额的比重不足10%,但如果一旦对传统服务业赋能,情况就会发生很大变化。再看个案例。2016年,中国的专业剧场演出的总场次达到8.8万场,观众总人数接近1900万人次。而国内某视频网站直播的演唱会的场次虽然只有400场,却能覆盖全球接近390个城市,覆盖受众超过6亿人次。一个高水平的现场演唱会,即便在大型的体育馆中举办,现场观众有几万人就算很不得了了。但通过网络视频在全世界同步直播,观众覆盖面可大幅度提升。所以一旦对传统服务业进行现代化能量的赋予,整个特征就会发生很大的变化。

二、以数字化为核心的现代技术赋能服务业，成为经济社会发展的强大动力

我们将走向现代服务业的世界，这与现代制造业水平的提升有紧密的关系，如果高新技术上不来，就没有赋能的基础条件。首先现代经济的发展必然催生现代服务业。习近平总书记指出："把在疫情防控中催生的新型消费、升级消费培育壮大起来，使实物消费和服务消费得到回补。"李克强总理也强调："要坚定地实施扩大内需战略。多措并举促进消费回升，推动线上消费更大发展。"党的十九届五中全会提出了"加快发展现代服务业"。虽然就一句话，但内涵非常丰富。尤其在我们面临坚持扩大内需战略基点，培育比较完整的经济体系的情况下，现代服务业显示出强大的生机和活力。不少人认为在"十四五"期间，现代服务业将是经济增长的一个重点。当然如果没有现代制造业的发展和创新，核心技术上不去，现代服务业也就不那么现代了。

2018年中国创造了全球GDP的16%，但是最终消费只有12%。有人认为是服务业起不来了，也有人认为是好事，说明服务业有潜力，我赞同后一个观点。从结构上看，未来用好超大规模市场和网络的优势，结合居民消费潜力，加速现代服务消费的发展，现代服务业有望成为中国强化内需动力的结构性重点。我认为到"十四五"末，第三产业的比重还要上升，但是第三产业不全部都是现代服务业，因为中国消费是多层次的，所以现代服务业和传统服务业相并存的时间还很长，我国人口多的现实使

得一些小实体商店还有存在的必要。

关注现代服务业是因为在引领产业发展过程中,我们需要对服务业赋能,需要用新技术、创新手段使服务业发生变化。顺应历史的潮流,使现代服务业逐渐成为中国强化内需的结构性重点动力。实际上,从2015年到2019年的五年间,服务业消费已经在经济增长中起到了决定性的作用。

近年来,各种新业态、新模式引领了新消费,加快扩容使线上消费大幅增长,尤其是在疫情发生后,线上消费起到了极其重要的作用,除了保证老百姓的基本消费外,还在线上学习、线上医疗、视频会议等方面发挥主要作用。疫情期间,医疗资源紧张,许多科室都暂停门诊。人在疫情期间就不生病了吗?当然不是,但有了线上医疗,就保障了城市居民的多数医疗需求和社会的正常运转。2020年前8个月,全国实物商品网上零售额同比增长15.8%。实物商品网上零售额已经占到社会消费品零售总额的近25%。

2020年三季度在恢复性生产中,制造业高于服务业,为什么?有人说消费是报复性的,那需要生产的加速扩容,包括工人这几个月没活干了,生活来源怎么办?拼命地工作。所以在三季度恢复性的发展,制造业高于服务业,是因为疫情重大冲击的结果,但是线上的服务业却稳步发展。到了10月份,第三产业的投资又超过了第二产业,而且根据国家统计局统计,在现代服务业上的投资占第三产业投资的比重达到71%,这说明了现代服务业具有巨大潜力。

"十四五"期间,在人工智能、大数据运用、云计算、区块链等新技术支撑下,数字经济将快速全面发展。人类在很早以前就发明了数字,长期以来,人们只是将数据作为单个的数字而看待,只有把千万亿级的数据联系起来,才会使数据产生巨大的功能。国家发展改革委的信息中心在20世纪80年代就开始研究怎么将海量的数据经过计算机处理后,辅助经济决策。计算机的语言基础就是0和1,用这两个数字的无限组合就可以进行编程,然后形成不同的程序来解决问题。虽然就两个数字,但我们将海量的有直接关联或有间接关联的数据有序利用起来,就可以分析出大量的二次甚至三次信息。

正是在数字经济快速发展的情况下,新型数字消费、数字生产、制造业和服务业与数字化的融合、数字化的供应链网络、数字化的产业生态和数字化的资源配置都将产生,并不断地为很多领域赋能,在显著地提升产业能量的同时,也推动了大数据经济自身的发展。在大数据行业外,实际上所有的委办局和企业每天都在和数据打交道,但是和数据打交道的人不一定意识得到数据的重要性,不一定能够从数据中挖掘出所需要的信息,这跟有没有大数据意识、有没有大数据技术应用水平有密切关系。

数字经济目前在我国究竟处于什么地位呢?根据中国信息通信研究院的研究显示,2011—2019年的9年中,数字经济产业增加值由9.5万亿元增加到35.8万亿元,我们已经离开了两位数增长的时代,但数字经济却实现了接近4倍的增长。数字经济占GDP的比重由2011年的24.3%增加到2019年的36.2%,整整增长了11.9个百分点。还有哪一个大类的产业能够像数字经济这样大发展？有人会提到网购的发展，网购的大量产品都是中低端的，尤其是餐饮占比很高，在总消费中占比较低。而数字经济就大不一样，因为它既能够赋能于其他产业，又能使自身产生大量价值。

为什么说在"十四五"及更长的时期，数字技术支撑的新产品、新服务、新业态、新商业模式将成为经济增长的主要贡献力量？我谈谈自己的观点。

第一，数字经济将快速发展，全面发力。新型数字消费、数字化服务、数字化融合、人工智能消费等数字服务业的产业生态将有显著的优化提升。人们在日常生活中，尤其是年轻人离开了智能手机，几乎就难以生存了，把智能手机比喻为中青年人体的一个器官，是不过分的。对于相当大一部分人而言，离开了手机就寸步难行，任何消费都没法支付。设想，如果一旦支付平台软件系统受到黑客攻击，银行卡取不了钱，又不能用手机进行支付的时候，怎么办？尽管这样的黑天鹅事件概率很低，但一旦发生，整个支付系统就会瘫痪。就像一个企业，如果它的资金链突然断裂，这个企业就将面临巨大灾难。

第二，数字化的消费将向新领域延伸。继续创造重量级的新消费形态。在这次抗击新冠肺炎疫情的过程中，数字经济发挥了很大作用，其也为我们展示了更为广阔的应用前景和更为强劲的增长潜能。在5G等新技术的支撑下，数字消费将出现多个百亿级、千亿级的新突破，网络办公、网络会展、数字化学习、数字化医疗、数字文化、数字传媒以及智能家庭居住、智能个人穿戴、智能交通出行都将得到较快发展。

第三,数字化生产将加速发展,提高全要素生产率。全要素生产率和一般生产率不一样,一般生产率主要讲的是资源性投入,而全要素生产率包括了组织结构、组织方式等软投入。简单地说,一般生产率就是硬件资源投入,全要素生产率是硬件和软件综合性投入。改革就是改那些与生产力发展不相适应的生产关系,改革束缚经济发展的制度。数字化生产的加速发展,就有提高全要素生产率的成分。一方面,数字化向企业生产核心环节延伸,在生产领域,通过传感器从生产设备和工具上实时获取生产和营运信息,提升生产过程管理的时效性、精准性和前瞻性。生产汽车的同志都知道,以前是单线生产,一条线就生产一种车型,后来实现了共线生产,现在实现了同线的个性化生产,针对不同客户的各种要求,计算机系统及时设计并以最快时间上线生产。这就是在提升过程管理水平的同时,提高了生产效率。另一方面,数字化向企业外部延伸,连接供应链和销售链。企业更多担心的不是生产而是销售,但销售又取决于生产端供给,所以我们国家提出了供给侧结构改革,从供给端去挖掘人们潜在的消费能力,根据人们的消费结构变化、人们收入的变化、国家消费层次的变化,可以挖掘不同层次消费者的新消费形态。所以其本质上还是有一个消费侧结构的把握问题,能不能够销售出去,还在于能不能够生产出来人们所需要的产品。数字化、智能化生产可同时实现个性化的定制和低成本的制造,可以根据需求，使研发和生产过程与需求匹配。

　　我国已经进入了长尾消费阶段，即人们的需求已经多样化了。在一个坐标系里，X轴代表品种量，Y轴代表销售量。在20世纪70年代，结婚"三大件"大众几乎都需要，因而Y轴销售量非常高，而X轴品种却非常少，形成了一个柱状图，我称其为柱状消费；现在的情况是Y轴的销售量不断下降，人们对同一商品的需求量越来越少，而需要的品种又越来越多，在坐标系里形成的是一个长尾，这就是长尾消费。长尾消费其实就是个性化消费的表现，用数字可以描述一种场景，计算机可以把很多场景保存下来，供消费者选择。有海量的场景，就完全能够满足长尾消费需求，实现精准的制造和有目标的销售。

　　第四，数字化融合将加速推进。长期以来，在制造业和服务业谁更应该优先发展这个问题上，人们存在着困惑与争论，其实有些是认识上的问题。比如，前文讲到的生产集成电路的六个环节中，有四个环节属于生产性服务业。不少经济学家在研究第三产业发展时认为其发展太快，但我认为在数字时代，各产业呈现出的是融合发展趋势，三次产业相互交置，形成新的产业形态。智能制造系统依托于传感器、工业软件、网络通信系统，形成新型物—物、人—人和人—机交互方式，实现人、设备、产品、服务各种要素资源的相互识别和实时联通，促进生产制造和多种生产性服务紧密结合，其本质就是制造业与服务业的深度融合。例如依托产业互联网的行业性的解决方案，制造商主导形成包含制造业服务全过程的闭环系统，各个环节交付匹配全程数据实时反馈,为客户提供一站式的全程高效服务。在这个过程中,有超过一半的劳动属于服务性质的劳动。

第五,数字化生态将跨界成长,提供全新的消费场景。消费场景是现代服务业发挥功能的一个基础。现在有很多的场景是由政府所掌控的,所以这还涉及政府职能转变问题。利用大数据、人工智能、区块链的技术,可以开拓虚拟的办公环境、远程教育面对面的讨论环境、让游客犹如身临其境的旅游场景等等。这样的场景突破就对以前单一的人机场景进行了一次革命。围绕这些,相关人员可以发挥无限的想象力,依托数字技术开拓更多的大场景来支撑现代服务业的发展。

消费者希望能一站式地获取全场景的解决方案,数字技术则可以打破行业壁垒,跨界链接多企业和多要素,不断挖掘用户的需求图谱,同步迭代、实时互动,动态满足用户的需求。比如海尔的智能体验云,通过海量的数据形成生活图像,为生态圈内各方提供共同演进的机会和能力,共创共享。这实际上跟前文提及的汽车同线生产案例类似,用户有什么样的需求,能支付多少钱,它就可以在这一水平上提供多种场景供用户选择。用户还可以提供家庭面积、住房结构、消费需求等信息,在满足这些条件下去尽情地享受智能云为其设计的美好空间。这就是数字化生态跨界成长的典型案例。

第六,数字化链接将形成网链,提升全球产业分工的稳定性和安全性。网络平台能够聚合产业链上多环节各种类型企业和各种生产要素,为各方提供多种类型的交互机会,提供业内所需要的各种服务。在特殊时期,比如在新冠肺炎疫情期间,当原有的产业链断裂时,平台可以在供需双方进行智能化匹配,迅速寻找替代或调整方案,快速地把产业链、生产链联系起来,与线下单点连接的传统产业相比,数字化平台能形成多点连接的产业网链,使全球分工体系的稳定性和安全性大大提高。

第七,数字化配置资源将不断扩展,成为社会资源分配的重要方式。互联网银行以各自的算法进行风险控制,在很大程度上决定着金融资源的配置方向。物联网能够收集、识别和连接每台机器、每件工具、每个员工并以其为基本单位来管理生产过程,这将促进生产从集中化到分散化,并形成新的生产组织方式。发展中的数字化制造管理平台本身没有制造能力,但它们可以将区域内数量庞大的企业设备和信息接入平台,当接到订单后,就通过平台寻找闲置设备,智能规划生产线,组合出所需要的生产能力。这种模式可以实现设备资源组合的柔性化和智能化,生产组织效率高、速度快、成本低,是一种全新的数字化智能化资源配置方式。这在很大程度上也体现了市场机制的作用,因为市场要遵循市场经济规律,市场经济规律当然包括技术规律。在组织管理过程中,要遵循管理规律,这就是市场在配置资源。

党的十九届五中全会公报提出,到2035年人均国内生产总值达到中等发达国家水平。2019年到2035年,中国经济内需潜力有望实现倍增。顺应这一趋势,在实施"以国内大循环为主体,实现国内国际双循环相互促进"的条件下,将沿着三条主线发力。其一,稳步推动"两新一重"的基建投资在撬动投资引擎短期反弹的同时,也将通过基础设施的优化,大规模地培育消费新场景和新渠道,进而带动消费引擎长期回暖。其二,通过优化供求结构和制度变革,结合国内超大规模市场的消费升级,尤其是加速消费升级,重心向低线城市和农村地区下沉,使普惠面积大幅度增加。其三,高度关注需求侧方面的变化,加速新型消费需求成长,将个性化需求转化为丰富的细分市场,不断形成新型消费的增长点。

以文体产业为重点,来分析一下近年来现代服务业加速发展的原因。一是信息技术的发展。信息技术能够为文体产业提供各种与信息生产加工相关的服务,不仅可以远距离提供,而且成本极低,最为典型的案例就是远程治疗和远程教育。2022年,新冠肺炎疫情期间,"停课不停教、不停学",全国上千万的学生与教师进行了超大规模的远程教育实践,并且收到了良好的效果。二是交通运输技术和通信技术的发展,使远距离提供服务的成本显著下降。比如,要在中国发展规划研究院举行一次集中面对面的讨论会,假设参会的人员都在北京,其举办成本与一个视频会议的成本相比,大约是12∶1。如果有京外人员参加,这个比值就更大。又比如,举办一场室内音乐会,在1990年相较于在1790年,仍然需要付出现场演出中几小时的人工成本,但是到远地演出的成本却极大地下降。200年前,维也纳乐团到法兰克福演出,旅途需要6天,而在20世纪90年代只需要几个小时。就观看成本而言,目前覆盖全世界的卫星通信系统能够同步连接100多个国家,对音乐会进行现场直播,观看成本不到20世纪90年代初的1/10。除了有效的网络外,提供远程服务与数字经济和区块链技术也有十分紧密的关系。视频传播不仅仅只涉及网络连接,还涉及清晰度等问题。三是中间服务需求及生产者服务增加,这部分服务可贸易性相对较强。如信息、金融、物流、商务服务等中间服务在世界贸易服务中所占比重超过了2/3,更为普遍和重要的是借助卫星电视和网络服务,全球化呈现出新特点和新态势,大量服务通过网络空间跨境提供,极大地提高了服务业,特别是网络空间服务业的生产效率。卫星电视和互联网技术使那些以往只能现场提供服务与文化体育表演的产业,具有了全新的产业链和商业模式。

三、抓住全球化数字化新机遇,加快发展重庆现代服务业

发展现代服务业推动内循环和外循环的有机结合。习近平总书记说:"新发展格局决不是封闭的国内循环,而是开放的国内国际双循环。我国在世界经济中的地位将持续上升,同世界经济的联系会更加紧密,为其他国家提供的市场机会将更加广阔,成为吸引国际商品和要素资源的巨大引力场。"国内循环怎么才能够为其他国家提供更为广阔的市场机会呢?中国怎么能够形成巨大的市场吸引力呢?首先千万不要将内循环理解为绝对的自我循环。我们目前的消费也就占经济总量的一半多一点。支撑经济的大量投资,包括对外对内的各类投资,与国内外

循环是有关系的。如果从人工智能和大数据的新技术革命角度出发,我们可以认为一个新的全球化在世界各国正在开始,不论是在发达国家、发展中国家,还是在贫穷国家。谁能抓住这个机遇,谁就能获取第一波红利。我这样理解,这是相对于传统工业化时代全球化的终结,迎来新的数字时代全球化,两个时代的主导、主体、主力都有巨大的区别。

表2 传统工业时代和新的数字化时代的差异

传统工业时代	新的数字化时代
全球化主导:发达国家、大型企业	走向世界:发展中国家、中小企业
全球化主力:传统贸易和产业	全球化主力:科技和现代服务业
流动的资源:人与货物	流动的资源:以数据为主的信息
全球化企业:具有传统特征的企业	全球化企业:互联网技术企业
生意主体:上千家的大型企业	生意主体:掌握技术的个人企业

发展现代服务业,促进数字化技术更快更好融入服务业。现在热议的成渝双城经济圈建设,双方签订了很多协议,这些协议多侧重于硬件建设。硬件建设当然非常重要,但我想,能不能够重视实现在现代服务业上两大核心城市的共享?比如说按照党的十九届五中全会精神,民生福祉达到新水平,是否可以在教育、医疗、养老这些重大民生事项上下功夫?比如说在两大核心城市里,实现三大民生从一体化走向均等化。一体化是在制度上的统筹,而均等化就是要实现均等。这样,在推动双城经济圈建设中,是不是又提供了一个新的与现代服务业紧密相关、与民

生福祉紧密相关的新增长点?

2020年在上海举办的进博会是现代服务业展现的经典样本。尽管来现场的人不多,但是却创造了展示的产品最多、签约的项目最多、交易额度最大的成绩。这一切都得益于互联网以及人工智能的应用。许多展商选择通过内容平台直播介绍新产品和参展商品,参展成本非常低,借助于现场简单的布置,就可以在小红书、抖音开启直播,使在疫情笼罩下萎缩的世界经济,在上海进博会上展现出了强大的生机和活力。这给我们的信号是什么?这说明,新兴互联网平台加上人工智能为各个产品在中国市场形成了极高的价值链接并提供了新的通道。据介绍,在这次会上预订下一次进博会的展位数量都是空前的。

把发展现代服务业作为重庆"十四五"经济社会发展的战略性举措。要利用新技术来推动现代服务业的发展,从战略意义上需要进行基础性的研究,为新的服务业保证持续的新动力。从战术上看,重庆地处西部,缺乏大院大所大校和雄厚的科研力量,只能够选择少部分与应用结合十分紧密的领域开展基础性的研究,绝大多数还是应该瞄准实现现代场景的应用性研究。《中共中央关于制定国民经济和社会发展第十四个五年规划和二〇三五年远景目标的建议》对现代服务业发展有五点明确的方向,其中前四点都说的是根本性的问题,即利用高科技赋能改造传统服务业,使现代服务业成为推动我国发展的重大的产业。重庆在2020—2022现代服务业发展规划中提出了三条具有重庆价值的措施:一是推动服务业跨界创新;二是创新发展体制机制；三是完善重大平台服务功能，构筑开放性的服务体系。2020年，国务院办公厅也发布了《关于以新业态新模式引领新型消费加快发展的意见》。

从重庆现状出发，要促进现代服务业加速发展，建议推进以下工作，争取走在全国的前列。一是推进高水平数字基础建设，夯实基础条件，将与5G相关的技术集群跨界多场景融合技术，全部纳入基础设施范畴。二是提供广泛的应用场景。特别希望政府能够让出更多的场景，让企业去发挥自身作用。具有广泛意义的是，许多数字消费应用场景掌握在公共部门手里，如果庞大的公共教育体系、医疗体系和政府及学校所拥有的众多体育场馆不参与，全面推进民生服务业就很难进行。三是尽快推动政府数据公开，挖掘新数据的价值。比如医疗资源，如果用非正常手段去获取是违法的，但把资源封锁也是不理智的，如果能够实现有制度监管下的企业应用，会大大地降低医疗成本。实现全国医疗机构共享，能够使医生在很短的时间精准掌握患者以往病史，从而有效进行治疗。四是针对现代服务业特点开展立法前期工作。现代服务业发展会催生一系列的新产品，也同时会带来一些新问题。现在部分企业为了防控疫情，实现进门脸面识别。如果人们的脸面将被不法分子掌握，不法分子就可以用其来实施诈骗等违法犯罪活动；当然，也可以用这样的技术寻找走失的儿童、残疾人、老年人，抓罪犯等。为了防止前一类现象出现，就必须用法律的武器进行严格防范。五是加强新技术应用于现代服务业的监管。如远程医疗就存在一个问题，由专家远距离指挥手术,如果出现问题,责任主体是谁呢?在大数据的获取和使用上,都应该用法律来规范人们的行为。小平同志说得好:"制度好可以使坏人无法任意横行,制度不好可以使好人无法充分做好事。"非常经典。第六,关注数字化时代的弱势群体。现在中青年人有一部智能手机就可以走天下,但是之前出现过一个案例:一个62岁的老人乘坐公交车,公交车只有刷二维码的收钱功能,但老人只有现金,最后硬是把老人架下车去了。我们的现代化仅仅是为一部分人服务的吗?我国目前的老龄化水平已经处于世界高位水平,按照目前的政策和数据推算,到2040年60岁及以上的人口占比将达到28%左右,到2050年将超过30%,我国将进入深度老龄化的阶段。所以在推进现代服务业过程中,应该为越来越多的老人考虑,这不仅是一个巨大的市场,更重要的是反映国家的文化,现代化水平提升是要让所有人民群众有获得感和幸福感。

重庆汽车后市场发展研究*

- （2020年4月）-

一、研究背景

（一）研究背景和意义

1.研究背景

国家高度重视汽车消费对拉动内需的作用。近年来，随着居民消费升级，汽车消费成为拉动内需的重要力量。2012—2017年，我国汽车消费（仅指汽车购买消费）占全社会消费品零售总额的比重均超过12%。即使在汽车销售下滑的2018年，占比也超过10%。国家高度重视汽车消费对扩大内需的积极作用，2019年2月，发改委、工信部、民政部等十部委联合印发的《进一步优化供给推动消费平稳增长促进形成强大国内市场的实施方案（2019年）》提出了六个方面24项政策措施，其中，促进汽车消费是首要举措。2021年2月，商务部办公厅印发《商务领域促进汽车消费工作指引和部分地方经验做法的通知》，从

---

* 课题指导：吴家农；课题组组长：江成山；课题组副组长：马明媛；课题组成员：李小东、吴姝、邹长会。

几方面促进汽车消费,培育汽车后市场是其中一项。

汽车后市场发展潜力巨大。随着汽车销售环节的竞争日趋激烈,销售新车所获取的利润率逐年下降。2018年,我国汽车保有量达到2.4亿辆,国内汽车市场结束了高增长周期,汽车销量出现大幅下滑。进入2019年,全国汽车销量延续了下滑势头,汽车制造行业进入深度调整期。但是,随着汽车保有量的持续上升和存量车车龄的不断增加,汽车后市场的规模不断扩张,逐步成为继汽车制造业之后的又一个高增长行业。有研究者认为,汽车行业有一个"1∶8规律",即每生产1元的汽车,将带动8元的汽车后市场。在西方成熟的汽车社会,汽车全产业链中的利润分配是:整车销售占20%,零部件供应占20%,汽车售后服务占60%。汽车后市场蕴藏着巨大商机。

重庆汽车后市场发展基础良好。汽车产业是重庆的支柱产业,近年来,汽车产业快速发展,形成了种类齐全、配套完整的产业体系。2020年,重庆市汽车产量为158万辆,占全国汽车产量的6.2%。2020年重庆汽车保有量为504万辆,排名全国第三。汽车产业的快速发展、汽车保有量的不断增加为重庆汽车后市场的蓬勃发展奠定了基础。同时,汽车后市场的发展还将提供大量的就业岗位,是未来就业增长的一个重要方向。

2. 研究意义

随着汽车保有量和平均车龄的增加,重庆已经进入汽车后市场消费时代,对重庆汽车后市场发展现状和存在问题进行分析,明确重点发展领域,提出政策建议,对促进重庆汽车后市场发展具有重要意义。

有利于落实中央、国务院促进消费的决策部署,激发居民消费潜力。随着汽车市场逐渐步入存量时代,汽车年销量增速下滑,汽车销售再出现大规模增长的潜力有限。而高速增长多年后积累的汽车保有量,使汽车后市场成为汽车产业发展的蓝海。大力发展汽车后市场,从服务汽车转型为服务出行,开辟创新方式为消费者提供更好的服务,将释放消费潜力,带动汽车后市场成为汽车产业链上最重要的环节。

有利于加快培育新的消费增长点,推动消费升级。现有的传统汽车后市场服务,在服务内容、频次和质量上都难以满足市场需求,汽车后市场多个细分领域的发展成为推动消费升级的新亮点。汽车维修保养模式的更新、消费者对方便程度的追求,推动汽车维修行业升级发展;汽车消费主体升级、消费观念的改变、重点消费市场级别下沉,促进汽车金融、二手车消费迅速增加;用户出行习惯改变、能源科技革新、互联网共享出行方式的普及,促进汽车租赁升级发展。

有利于提高服务便利性,为人民群众创造高品质生活。汽车是消费者的日常代步工具和生产工具,汽车后市场的服务质量和方便程度直接影响消费者的体验感。随着居民消费升级,汽车后市场的服务内容更加丰富、服务质量不断提高、服务模式加快更新,将更好满足需求,提高服务便利性,节省消费者时间,从而提高群众生活品质。

(二)汽车后市场的定义和内涵

对汽车后市场的定义存在广义和狭义之分。狭义的汽车后市场仅包括消费者在使用汽车过程中所产生的与汽车有关的费用和服务,这些服务具体包括维修、保养、零配件、汽车美容等方面。广义的汽车后市场指汽车销售以后汽车使用过程中的各种服务,它涵盖了消费者使用汽车的各个环节。本课题涉及对国内外汽车后市场的分析,在研究中遇到的最大困惑是:因为对汽车后市场的定义不同,来自各个渠道的数据统计口径不一致,很难进行精确的对比分析,只能作出趋势性判断。具体到对重庆汽车后市场的定义,本课题着重考虑了三个因素:一是对促进消费有重大带动力的细分领域,二是市场需求量大但现有供给不能有效满足的领域,三是随着新技术新模式的出现而出现且适合重庆发展的领域。

基于数据的可获得性、各细分行业对消费拉动的作用,本课题将重庆汽车后市场范围锁定为九大行业:(1)汽车能源;(2)汽车保险;(3)汽车金融;(4)汽车维修及美容;(5)汽车旅游;(6)二手车交易;(7)汽车租赁;(8)汽车驾培;(9)报废车回收处理。

表1 汽车后市场研究范围

行业	研究范围
汽车能源	指为汽车提供动力的燃油、天然气、充电桩等行业
汽车保险	分为交强险和商车险,商车险包括主险和附加险
汽车金融	汽车贷款及相关服务

续表

行业	研究范围
汽车维修及美容	包括汽车专业维修、汽车美容、汽车装饰、汽车养护、汽车改装、汽车用品等
汽车旅游	包括自驾游及与汽车相关的旅游基地、主题公园等
二手车交易	包括围绕二手车交易而进行的评估、收购、销售、置换、拍卖、上牌等服务
汽车租赁	包括分时租赁、短期租赁、长期租赁、共享租赁等
汽车驾培	汽车驾培行业是指以培训学员的汽车驾驶能力或者以培训道路运输驾驶人员的从业能力为目标,为社会公众提供的驾驶培训服务
报废车回收处理	报废机动车指根据《中华人民共和国道路交通安全法》规定应当报废的机动车。报废汽车回收处理行业主要包括报废汽车的收集、拆解、分拣、再生利用、废旧物处置等

(三)汽车后市场影响因素分析

从车主消费的角度看,影响汽车后市场需求的主要影响因素有以下几类。

1.服务价格

汽车后市场服务作为一种商品,具备一般商品的基本特性。在市场化程度较高的行业,服务价格与需求量呈反方向变动,价格越高,需求越少,反之亦然。

2.公路路网密度

公路路网密度反映了区域基础设施建设的完备程度,公路路网越发达、路况越好的区域,消费者对于汽车的依赖程度越大,汽车后市场的消费也越高。

3.汽车保有量

汽车保有量是指区域已经拥有汽车的数量,汽车保有量在很大程度上决定了汽车后市场的现实需求量。

4.消费者收入水平

当消费者的收入提高时,会增加对汽车保养和美容、汽车保险、汽车旅游等服务的需求量。

5.汽车能源价格

汽油、电力是与汽车使用直接相关的后市场商品,当汽油价格、电价上涨时,对燃油汽车和电动汽车的需求量会下降,进而对汽车后市场服务的需求量会下降。

6.国家政策导向

当汽车的消费税增加时,对汽车的需求量就会减少,相应的对汽车后市场服务的需求量就会下降。

7.人口因素

随着新型城镇化快速推进,当区域人口增加时,该地区汽车后市场服务的需求量也会随之上升。

二、发达国家汽车后市场发展经验借鉴

(一)发达国家汽车后市场发展概况

从全球范围来看,汽车后市场发展最具代表性的国家主要

是美国、日本、德国等汽车产业发达的国家,其发展历程、经营模式、管理经验等都值得我们学习借鉴。

1. 美国汽车后市场发展特点

美国被称为车轮上的国家,截至 2019 年底,美国汽车保有量约 2.8 亿辆,千人汽车保有量约 850 辆,是全球主要经济体中汽车渗透率最高的国家。在过去的 20 年中,由于新车需求增长乏力,美国传统整车制造业日渐式微,但汽车后市场蓬勃发展并保持稳定增长,据统计,2019 年美国汽车后市场规模约 4000 亿美元,占美国汽车产业链的 50%~60%。

后市场稳定增长。美国在汽车后市场发展初期,汽车经销商凭借丰富的客户资源、整车厂的技术支持和零配件的供应优势,占据后市场服务的主导地位。20 世纪 70 年代,石油危机和日本汽车工业崛起,促使美国的汽车后市场服务发生深刻变革,美国汽车服务业进入了注重经营成本和更新服务理念的新阶段,表现形式为发展各种新型连锁店和专卖店。2000 年以后,随着汽车后市场发展日趋成熟,专业化汽车连锁服务企业迎来快速发展期,凭借其准确的市场定位、良好的品牌形象以及规范稳定的管理体系等优势,快速占据更多市场份额,表现出更高的稳定性和更强的盈利能力。

服务购买形式多样。美国的汽车售后服务市场形式丰富,规模大小不一,客户可以根据自己需要(如车辆维修所需要的级别、车辆受损程度等)去选择合适的服务商。高端需求的客户,可以选择原厂维修点;日常保养可选择去一些小规模的维修厂,他们使用的一些配件从亚洲进口;还有一些动手能力强的客户,则可以去专业的汽车用品超市或大型百货超市的汽车配件专柜,选择适合自己汽车用的零配件,自行安装维修。

后市场相关法规健全。美国有比较完善的汽配维修政策和质量体系,防止整车厂垄断,保障非原厂零件质量。《马格努森—莫斯保修法》和《汽车可维修法案》规定汽车制造商和经销商不得以保修为条件要求车主必须使用原厂零配件或某种特定零部件品牌,并且应及时向车主、汽车维修者等提供诊断、维修车辆所必需的技术信息。美国的合格汽车零件协会(CAPA)保证非原厂零件在规格上达到原厂件水平。

表2 美国汽车后市场相关法规政策

相关法规政策	具体规定
《二手车法规》	在一个年度内出售5辆二手车以上的经销商必须申领二手车销售执照,执照的发放由各州自行管理
《买车指南》	由《二手车法规》提供统一的格式,包括车辆的基本信息、质量状况、维修历史、经销商的质量保障承诺等,二手车经销商交易之前填写完整,张贴在车内明显位置
《汽车保证使用法》("柠檬法则")	主要对二手车售后的质量保障问题作出规定,影响使用的售后故障经三次修理无效的可退车,涉及安全事项的一次修理无效即可退车,不予提退车的可进入消费者诉讼程序
《二手车价格指导手册》	为二手车经营者的定价提供参考
《马格努森—莫斯保修法》	汽车制造商和经销商不得以保修为条件要求车主必须使用原厂零配件或某种特定零部件品牌。汽车制造商和经销商不能仅仅因为车主安装了非原厂的零部件而拒绝保修,除非能够证明汽车修理问题是由于车主安装的非原厂件导致的

续表

相关法规政策	具体规定
《汽车可维修法案》	汽车生产企业应及时向车主、汽车维修者等提供诊断、维修车辆所必需的技术信息。如果汽车生产企业以保护商业秘密或以某项技术信息对汽车维修无直接影响为由拒绝公开,就必须向联邦贸易委员会举证并接受裁决

2. 日本汽车后市场发展特点

日本汽车行业享誉全世界,其汽车后市场的管理和经营模式也是各国同类企业竞相学习的榜样。和美国一样,日本汽车后市场因汽车市场的蓬勃发展而生,因新车销量增速下降而备受重视。2019年,日本汽车保有量约7400万辆,千人汽车保有量约590辆,平均车龄约8年,汽车后市场的规模约为800亿美元。

汽车服务超市提供全方位服务。1974年,澳德巴克斯(AUTOBACS)成立了第1家一站式服务销售店,开辟出由第三方销售后市场汽车用品的道路。随着汽车后市场进入稳步发展阶段,澳德巴克斯、黄帽子(Yellow Hat)等大型公司凭借价格优势扩大规模,在日本境内扩张至超过500家连锁汽车用品大卖场,市场集中度不断攀升。汽车服务超市的主要经营范围包括日常的汽车售后维护和维修、汽车美容和改造、零部件销售等服务。这种模式能够一次性满足顾客的所有需求,并且可以针对不同类型和层次的消费者,提供多样化的品牌和服务。汽车服务超市多分布在高速公路两侧、居民社区周围以及大型购物中心附近,为车主提供就近服务。采用统一的店面设计、服务标识、服务标准价格、管理规则以及技术支持。品牌化、网络化经营降低了成本、扩大了规模，服务水平、价格、品质保持统一标准。

整车厂介入加强纵向整合。2000年以后，汽车销售量增长放缓，新车销售不足以支撑整车厂的进一步发展，整车厂开始重视汽车的售后服务，全面介入汽车后市场。通过建立品牌特约维修站，以专业的车辆技术资料为支持，提供与车型相匹配的原厂零配件，维修人员专门修理同一品牌的汽车，为车主提供更安心的维修服务。同时，整车厂为了保持竞争优势，对二手车、配件、汽车维修、汽车保险等服务进行整合，与汽车服务超市形成竞争。

建立从业人员登记考核制度。以汽车维修服务业为例，日本对汽车维修行业从业人员有着严格的人员认证体系。参加工作的人员一般都从专门的汽车维修学校毕业，经过正规的汽修培训。他们被称为"汽车整备士"，分一级、二级、三级以及特殊级，每年进行一次考试。汽车整备士应聘特约店或连锁店维修岗位时，还要通过该公司的岗位考核才能正式上岗。企业会不定期地为汽车整备士提供新技术、新车型等方面的专业培训，提高其业务水平，以保证维修质量。

坚持人性化服务。在日本，无论什么类型的汽车售后服务店，人性化服务、诚实可信的态度，都是他们在激烈竞争中不败的至关重要的要素。当客户车辆开进厂的时候，如果发现故障是一时半会儿难以解决的，车主只需要在登记处填写一个单子，登记自己的信息、车辆故障情况、联系方式等，然后安心等待维修完成的电话。所有服务都是透明有效的，车主不用担心自己的零件被偷换成劣质产品，也不用担心服务质量。维修完成后，车主可以获取一份详细的清单,清单上列明了车辆的故障原因、是否更换零件、更换零件的清单及价格。

3.德国汽车后市场发展特点

德国是现代汽车的发祥地,也是汽车制造大国和汽车品牌强国。就汽车后市场发展沿革来看,德国汽车市场发展超过70年,但后市场的快速发展主要在近20年。2000年以后,新车销售业务增长出现停滞,来自后市场的业务需求,促使整车厂、专业后市场服务商开始关注后市场的机会,并对高度碎片化的市场进行整合。2018年,德国汽车保有量约为4300万台,平均车龄约为8.5年,汽车后市场的规模约为542亿美元,其中,零配件约占三分之二。从增速看,整体后市场的年均增速约为2.2%,配件部分的收入增长相对服务板块要高,约为2.8%,而服务增长仅为0.8%。

整车原装与独立售后并行发展。从经营模式看,整车原装(OES)的市场份额与独立售后市场(IAM)基本持平,大致各占一半。两种经营模式对应的门店数量也较为接近,其中整车体系的售后门店约为1.8万家,独立第三方体系的门店约为2万家。整车体系的售后门店可分为两种:一种是新车、二手车销售和售后服务结合的门店,大多以车厂直营的方式开展;另一种是单纯的售后服务门店,由社会投资人取得车厂授权,然后开展业务。

行业协会自律管理制度完善。具体来看:第一,德国汽车产业完全实现了市场化运作,政府部门只对汽车维修企业申请开业进行登记发证,市场准入门槛低,进入便捷。第二,德国汽车维修行业监管职权主要赋予汽车维修行业协会,履行行业监管职能。维修行业协会依法自律管理,研究制定一系列行业标准、管理公约,并通过协会章程组织开展各项日常活动,协调维修纠纷,举办行业交流论坛等事项。

维修人员考核认证体系健全。OES 体系的维修技术人员通常是经历了高等教育培训、车厂生产线所锻炼出来的技工,在上岗前,必须通过一系列的考核和认证。IAM 渠道的维修技术人员大多为德国本地的技术学校出来的新人,边工作边学习。

(二)国外汽车后市场细分行业发展概况

发达国家庞大的汽车保有量催生了以汽车保养和维修为基础的汽车后市场,进入 21 世纪后,新车销量下降令汽车后市场成为汽车产业链上新的增长点。随着消费需求的多元化发展,汽车后市场行业不断细化。国外汽车后市场产业主要涵盖汽车维修、二手车交易、汽车运动、汽车租赁、汽车改装、汽车金融、汽车保险等细分行业。

1. 汽车维修

汽车维修业是汽车后市场最重要的组成部分。这个行业现在逐渐朝着两个方向发展。第一个方向,体现为汽车维修行业正从单一车型的专业性维修转变为更加综合性的维修,特别是随着汽车类型的迅速增加,以及新能源汽车的发展,全寿命周期的综合性维修保养需求增长很快。第二个方向,体现为汽车维修行业正在由单个实体维修店向专业化、标准化的连锁型维修企业转变。工业4.0时代,随着互联网的渗透,以虚拟网络和企业网络形态的现代维修企业具有明显竞争优势。

表3 主要发达国家汽车维修业概况

国家	发展现状
美国	美国是世界上汽车保有量最大的国家,汽车维修业以连锁化经营模式为主,经营规模前8名的连锁维修公司的企业收入占到整个行业收入的一半。大约有20个大型汽车零配件企业拥有超过500个以上的连锁机构。 维修企业分布:个体企业占到整个行业的六成左右,股份制公司占到约三成,合资企业不超过10%。合伙经营企业和股份有限公司分别占4.4%和9.8%。 特点:连锁经营,分布面广;维修效率高,质量可靠;维修形式多样化;汽车维修业管理严格。
日本	主要以服务超市的模式来运营汽车保养与维修的各单元业务,澳德巴克斯、黄帽子等为代表企业。日本的几大汽车企业同时也是汽车维修行业的关键材料提供者。 特点:以汽车服务超市为主要经营模式,引入竞争,提高效率,降低垄断,为顾客提供更加人性化的服务。
德国	汽车维修行业在整个汽车产业链中的利润超过总利润的一半,高于汽车销售和零部件供应。 维修企业结构大致可分为三类:(1)以企业规模为特点,主要是综合性的汽车维修和服务中心,固定投入大,覆盖范围宽,博世公司在世界范围内拥有超过1万个的综合性汽车维修店;(2)不同汽车公司的特约维修企业,主要是德国的几大汽车公司,以宝马、奔驰、奥迪为代表;(3)无品牌限制的汽车快修店,主要承接基本的、某些专项的维修服务,提供的服务品种不够齐全,但比较快捷。 特点:政府直接参与,实行准入制,以行业管理为主。由汽车维修行业协会制定行业的统一规章制度,并通过行业自律,进行管理、协调、外联、研究等方面的活动。

2.汽车租赁

汽车租赁业是仅次于汽车维修业的重要业务单元。据统计,全球汽车租赁业的正常运营车辆数量和每年的需求数量大约维持在 8000 万辆上下。其主要特点为:(1)运营紧扣市场需求,主要为经济型车和小型车辆;(2)与汽车生产厂商合作紧密;(3)租赁市场的经营模式主要为特许经营模式;(4)服务流程规范、简捷,大都实行会员制。随着全球经济水平提升和共享经济模式的发展,汽车租赁行业呈现出迅速增长的趋势,有巨大的市场需求空间。全球性汽车租赁的代表企业有美国的 Hertz、Avis、Enterprise、National,法国的 Europcar。

表4 主要发达国家汽车租赁业现状

国家	发展现状
美国	美国拥有非常成熟的汽车租赁市场。汽车租赁占总租赁行业的三成左右,其中小型车辆占到了六成左右,大型货车占到四成左右。从租赁的时间长短来看,短期租赁占到了九成,长期租赁仅占一成。市场份额排名前 20 的公司就有超过 1000 家的全国租赁点。每年以租赁形式销售的新汽车占美国汽车总销售量的比重现在已超过 40%。旧车的租赁业务量约为每年 40 万辆。
法国	法国汽车租赁服务在近年来快速增长,每年增幅已经超过 10%。法国的租赁企业品牌 Europcar 以 19.2% 的占有量排名世界第三。
日本	目前,日本的长期租赁车辆已达到了 306.3 万台,跻身世界上汽车租赁业相对发达的国家之列。其中小型轿车和大型货车占租赁行业的绝大多数,载客巴士和其他车型占极小比例。在新车销售低迷的日本国内市场,新车的长期租赁台数却不降反升,其数量已经超过了日本国内新车销售总数的 12%。 日本已有超过 6000 家的汽车租赁公司,按照租赁时间的长短来划分,日本的长期租赁行业涉及的主要业务为含维修保养的汽车,短期租赁行业中主要有五大公司:丰田集团,欧力士公司,日本公司,马自达公司以及日产公司。

续表

国家	发展现状
俄罗斯	作为东欧和亚洲的代表,俄罗斯的汽车租赁市场也发展迅速,年增长速度达到了30%以上,每年汽车租赁市场的市场总额已经超过了4000万美元。俄罗斯租赁行业的汽车,绝大多数都是俄罗斯的国产汽车。

3.二手车交易

汽车后市场中另外一个重要的细分行业就是二手车交易市场。可以说汽车二手市场间接推动了一手市场的发展。因为二手车的交易使得一手市场的流通速度加快。在发达国家,二手车交易量大,交易体系完善,覆盖面广,交易模式多样。

表5 主要发达国家二手车市场发展现状

国家	主要模式	发展现状
美国	厂家认证	二手车的年销量很高,是新车的2~3倍,市场发展成熟。以质量保证为先,通过对二手汽车标准等的控制,确保在交易过程中的品质,通过质量检测和认证,促进二手汽车市场的繁荣。并且,经过认证的二手车的售后服务也能得到保障。
日本	拍卖	市场范围广,规模和交易量都非常大,有成熟的交易模式。总计约有150家拍卖场,并以会员制的方式进行二手车拍卖流通。通过建立可信、公正的二手车评估,促进拍卖流通。
德国	品牌经销商	在德国,二手车销售约占汽车年总销售量的三分之二,其余三分之一是新车。二手车交易已经远远超过一手车交易。 二手车有三种交易方式:(1)个体间的私人交易;(2)在特许经销商处的二手车的流通;(3)非特许经销商处的二手车流通平台或机构。

4. 汽车运动

汽车后市场中,汽车运动是将汽车从交通工具演化为竞技和运动工具的一种高级消费行为。国际上的汽车运动主要有竞技类运动(包括专业的赛车级别汽车运动)和普通的汽车运动两种。前者包括方程式汽车赛、拉力赛、越野赛、耐力赛、创纪录赛、直线竞速赛、场地赛、驾驶技巧赛、爬坡赛和卡丁车赛等,专业性较强,由专门的组织操办。后者包括汽车越野、特殊地形(如沙漠、山地)驾车体验等,具有群众性、自发性。随着汽车的普及,两种类型的汽车运动参与者日益增加。

5. 汽车改装

汽车改装源于赛车运动,围绕提高以性能和操控为主的汽车各项内在技术指标为核心进行。后来发展为以个性化的定制改装、性能提升及增加各种附加功能为主。

汽车改装业中的优秀代表企业有专门为奔驰改装的 AMG、BRABUS,为宝马改装的 AC SCHNITZER,为大众公司旗下的大众汽车和奥迪汽车改装的 ABT。

日系车的专业改装公司有,为丰田改装的 TOM'S、TRD,为本田改装的 MUGEN、HRC,为日产改装的 NISMO,为富士改装的 STI 和 TEIN,为三菱改装的 RALLART 等。

在改装车市场,比较顶级的改装车展包括美国的 SEMA SHOW、日本的东京改装车展、德国埃森的国际改装车展等大型国际展览,这些车展极大地推动了全球改装车市场的发展和交流。

表6　主要发达国家汽车改装行业现状

国家	主要模式	发展现状
美国	个性化的定制改装	多数消费者选择对汽车外观和一些特殊部件进行改装,以追求外观造型个性化和满足不同的审美需求。美国的汽车改装法规环境较宽松,消费者可以选择对车上任何一个零件进行改装。美国改装车配件企业与改装服务机构的总数已经超过了10000家,营业额高达400多亿美元。市场空间巨大。
日本	性能提升及地下赛车性能改装	汽车改装主要是体现于汽车动力方面,其改装效果在于动力性能的提升,充分发挥其潜在动力。日本法律对汽车改装有一定的限制,并不像欧美国家那样宽松。由于受限于严格的法律,为了满足大量的改装需求,由此产生了地下改装厂。
德国	品牌改装	德国汽车改装已经形成较为成熟的产业,运行规范。并且针对汽车改装行业还成立了专门的监管部门,以保证改装的安全和质量。德国汽车改装行业主要是在官方监督下,与汽车厂进行合作。

6.汽车金融

随着全球金融市场的健全,购车贷款已成为消费金融的重要板块。相关统计资料显示:在美国,大约80%的新车是通过贷款购买的;在德国,新车购买贷款比例约为70%;在印度,新车购买贷款比例为60%~70%。汽车金融业对整个汽车产业以及汽车后市场具有基础性影响。

总结国际市场上的汽车金融行业实践,可以归纳出两个发展方向。(1)服务内容的丰富化。不仅仅是在汽车购买的时候提供融资,在汽车使用和转手过程中都提供相应的金融服务,比如：购车贷款、融资租赁、担保抵押、汽车应收账款保理、汽车应收账款证券化等专业金融服务。(2)服务主体的丰富化。从事汽车金融的服务主体，不仅包括汽车销售机构，还包括银行、证券、担保、信托等机构，每个机构都在各自的环节发挥着重要作用，不可缺少。

7.汽车保险

汽车保险是汽车后市场的一个重要细分行业，在汽车全产业链中占有很大份额。由汽车数量增加带来的污染、燃料供应短缺、交通事故等问题，导致人类的生命安全和财产安全需要通过保险来分担不确定性风险。汽车保险与使用汽车的相关法律法规相互支撑，在汽车消费过程中发挥了重要作用。

表7 主要发达国家汽车保险行业现状

国家	发展现状
美国	拥有世界上最发达的汽车保险市场，汽车保险业务量居世界之首。建立了无过失保险制度，以全部或部分替代传统的侵权责任制度。各州都有独立立法权。具有世界上最复杂但是最高水平的车险费率计算方法。大多数州都采用161级计划确定车险费率的基础，其中划分为主要因素(保险人的年龄、性别、婚姻状况及机动车辆的使用情况)以及次要因素(机动车的型号、车况、最高车速、使用地区数量及被保险人驾驶记录)。汽车销售商代理保险；直销方式普遍。
德国	实行"责任处罚"原则。使投保人都承担一定的责任，以减少今后发生事故的概率，投保人自己都必须承担325欧元的"处罚"。奖优罚劣。根据出险情况确定保费档次。
日本	日本是世界上排名第三的机动车保险大国。保险类型主要有：自赔责保险，类似强制性保险；汽车综合保险，类似商业险，投保与否由车主决定。实施强制性保险制度与自主选择的保险险种，让不同需求的客户有多种选择，并且使得基本保险能够得到覆盖。

8.汽车文化

发达国家汽车文化业起步早,发展成熟,基础设施设备完善,市场繁荣。比如,美国于 1933 年创办汽车电影院,目前已经普及达 4000 余家。发达国家在以房车旅游、汽车主题公园、汽车博物馆等为代表的汽车文化产业方面,特色鲜明,较国内而言,业绩更加突出。

表8 国外知名房车旅游营地

国家	营地地点	发展现状
美国	拉斯维加斯	拉斯维加斯露营地位于美国内华达州赌城——拉斯维加斯附近,占地 16.6 公顷,是具有热带风情和优美自然风光的一处休闲营地。营地距离拉斯维加斯不远,但又相对独立,能够满足来到赌城的各类游客的选择。
德国	巴登—符滕堡	巴登—符滕堡露营地依山傍水,位于德国南部的黑森林中。靠近莱茵河山谷,环境幽静,适合家庭休闲和度假。
意大利	托斯卡纳	托斯卡纳露营地紧邻著名的基安蒂红葡萄园,临近佛罗伦萨、阿雷佐、比萨和锡耶纳。其因具有优越的地理位置,又能凸显当地特色景点和文化风俗而闻名。

表9 国外知名汽车博物馆

博物馆名称	博物馆简介
德国宝马汽车博物馆	宝马博物馆于 1973 年在慕尼黑建成,是一座 19 米高的碗形建筑,屋顶上描着宝马醒目的蓝白标志。展厅共 3 层,按照历史顺序从下而上地陈列展品,可通过耳机听每一件展品的英语解说。

续表

博物馆名称	博物馆简介
德国保时捷汽车博物馆	博物馆占地面积5600平方米,分成三个主要展区:工作车间、陈列区、档案馆。展厅内展出从第一辆356到最新的Panamera在内的80多辆保时捷发展历史上重要的车型。
德国大众汽车博物馆	大众汽车博物馆位于大众主题公园汽车城内。博物馆包括多个展厅,分别展示其旗下各个子品牌的不同产品,包括大众、西亚特、斯柯达、兰博基尼、宾利等展厅。
意大利法拉利汽车博物馆	法拉利汽车博物馆位于意大利摩德纳以南20分钟车程的小镇"马拉内罗"的法拉利总部。博物馆里的展示品记录了法拉利从1947年至今的企业历史和企业文化。博物馆中主要展示法拉利经典跑车,还有从1947年至今所有的一级方程式冠军车。每年都有几十万的法迷慕名前往。
美国福特汽车博物馆	福特汽车博物馆于1929年建成,它陈列了美国汽车发展的一百多年中的具有代表性的各式车型,不只是福特品牌,还有很多其他厂商的汽车。福特汽车博物馆的最大特点在于它展出的不单是汽车,而是对美国式生活的全方位展示。
日本丰田汽车博物馆	丰田汽车博物馆位于日本爱知县名古屋市。收集保存了世界各国的汽车。博物馆分主馆和新馆两部分。主馆从历史的角度介绍实用型汽车的历史,新馆从文化的角度介绍人类生活与汽车、科技等的关系。

(三)经验借鉴

1.高度重视汽车后市场发展

汽车后市场的发展源于汽车的普及,与汽车保有量增加存在同向性,根据美、日、德等国的经验,汽车后市场虽然与汽车产业同步发展,但真正受到关注是在进入21世纪后。随着新车销量增速放缓、车龄增加,汽车后市场相对于新车销售市场更加稳定,且受消费需求多元化影响,涌现出更多细分行业,成为汽产业链的新兴增长点。发达国家的经验表明,应充分认识汽车后市场发展的重要性,以汽车保有量为基础,以新技术、新概念激发更多内生消费需求,充分发挥汽车后市场对拉动汽车消费的促进作用。

2.完善法规政策体系建设

汽车后市场的健康发展离不开国家法规政策体系的建设和支持,美国、德国均有比较完善的法规体系,对后市场及各细分行业的准入、技术和质量标准做出了严格的规定,对规范市场秩序起到重要作用。为解决行业发展的"痛点",如汽车维修行业的人员技术问题,德国、日本还通过建立考核登记制度,建立人员认证体系,对从业人员进行专业培训和考核,提高专业技术人员的业务水平,以保证维修质量。这些对于我国汽车后市场机制体制建设,有针对性地制定具体行业的规章制度,合理规划产业的结构和层次,优化后市场发展环境具有借鉴意义。

3.加强标准化管理运营

国外成功的大型连锁汽车服务超市、特约维修服务站的发展历程表明,汽车后市场服务内容的标准化、服务形式的品牌化、服务特色的个性化是汽车后市场规模扩大、规范发展的基础。因此,应以服务的品牌化为产业价值增值的重要基础,加快我国汽车后市场产业服务的标准化,促进技术、资本加快流动,形成与国际接轨的竞争力。

4.持续促进业态创新

国外汽车后市场的发展经历了以汽车维修保养为主到后市

场业态不断丰富的过程。部分行业的发展,如汽车金融、汽车保险等来自汽车产业链的内部延伸和扩张,另一些行业如共享汽车则得益于新技术的推广应用,还有一些行业如汽车运动、汽车文化则源于消费需求层次提升。因此,应遵循汽车后市场的发展规律,顺应汽车消费需求,加强业态创新和产品创新。

三、我国汽车后市场发展现状及特征

(一)发展历程

我国汽车后市场发展与国内汽车保有量的增长密不可分。与国外发达国家相比,我国汽车产业起步较晚,改革开放以后,我国汽车产业才开始发展,汽车后市场从形成到快速发展大体上经历了四个发展阶段,见表10:

表10 中国汽车后市场的发展阶段及特征

时间	发展阶段	特征
20世纪80年代至20世纪90年代	起步阶段	国内汽车后市场规模不大,服务对象以公务用车为主,汽配城、汽配一条街开始兴起。汽修市场仍以服务公务用车的综合维修厂为主,国营综修厂已经很难满足各类车型维修所需的专业维修技术和配件。在此背景下,依托汽配城开办的个体维修店和维修技师开办的社区店越来越多,并逐渐发展成小型的维修连锁店。

续表

时间	发展阶段	特征
2000—2008年	发展阶段	4S店兴起,海外售后连锁品牌纷纷进入中国掘金。随着汽车进入家庭,汽车后市场发展迎来契机,汽配行业迅速发展扩张,推动整个行业规模扩大,出现地域性强势的汽车后市场企业,这段时期后市场利润回报丰厚。4S店模式迅速成为中国汽修和保养市场的主导;同时,国际连锁汽修企业纷纷进入中国,先后在沿海城市成立汽修连锁店;随后轮胎、润滑油等易损件和保养件品牌也瞄准了中国汽车后市场,以提供换胎、保养、小修及装饰等服务内容建设连锁网络。与此同时,国内一些颇具技术实力和客户积累的大型维修厂也迅速转型试水连锁模式。
2009—2015年	高速增长阶段	在互联网背景下,资本与新技术推动新商业模式不断涌现。私家车成为绝对的市场主力,大部分区域出现了区域性第三方维修连锁龙头,第三方服务提供商与4S店并行。随着移动互联网开始普及,汽车后市场的新模式进入者开始增多并围绕电商化、O2O以及新零售趋势开始试水,最早涌现的是以更换频率高、SKU(库存量单位)数量少且相对标准的轮胎和保养易损件为主的电商平台。
2016年至今	稳定增长阶段	线上线下深度融合,新模式、新方向开始逐渐清晰。经过大量的模式创新尝试,大量纯粹的模式创新型后市场企业夭折,特别是大量长期靠烧钱为继的上门保养、洗车类O2O公司相继因模式具有局限性加之资金链断裂退出市场或开启艰难转型。具备良性商业模式的后市场企业更加重视线下服务能力与线上互联网技术的深度结合,同时实力雄厚的巨型电商平台随着生态的日趋成熟也纷纷开始在汽车后市场发力。

(二)市场规模

自2009年以来,中国已连续十一年蝉联全球汽车产销量第一。截至2019年末,全国汽车保有量达到2.6亿辆,成为全球汽车保有量第二大的国家,巨大的汽车保有量为后市场发展奠定基础。汽车保有量的增加、汽车平均使用年限的延长,为中国汽车后市场发展提供了广阔的市场空间。近年来,我国汽车后市场增长迅猛,据《2019年中国汽车用户线上养护报告》显示,2015—2018年,中国汽车后市场行业规模从7600亿元增长至12900亿元。另外,还有资料显示,2020年中国汽车消费总规模达到10万亿元,其中:新车销售3万亿元,二手车交易1万亿元,汽车保险1.2万亿元,汽车金融2万亿元,汽车维修保养1.4万亿元。

表11 中国汽车保有量

年份	民用汽车拥有量/万辆	私人汽车拥有量/万辆	新注册民用汽车数量/万辆
2011年	9356.3	7326.8	1624.3
2012年	10933.1	8838.6	1772.5
2013年	12670.1	10501.7	2030.9
2014年	2030.9	12339.4	2205.2
2015年	16284	14099.1	2331.8
2016年	18574.5	16330.2	2724.4
2017年	20906.7	18515.1	2800.9
2018年	23231.2	20574.9	2652.1

```
(亿元)
14000                                    12900
12000                             10700
10000                      8800
 8000              7600
 6610
 6000
 4000
 2000
    0
      2014年  2015年  2016年  2017年  2018年
```

图 1　中国汽车后市场规模

（三）存在的主要问题

行业发展整体滞后。与欧美日等地成熟的汽车后市场相比，我国汽车后市场发展滞后，发达国家汽车行业整车销售与后市场规模比例约为 1∶2，根据现有数据，我国这两者规模比例约为 3∶1，后市场整体规模偏小，市场潜力有待挖掘。

行业内部结构不合理。一方面，行业内部汽车维修行业独大，目前全国汽车维修门店超过 40 万家，从业人员数百万人。结构不合理导致市场竞争不规范，服务质量不高，假冒伪劣现象严重。2019 年，在全国消费者协会受理的各类投诉中，汽车及零部件类投诉同比增长 25.1%，占总投诉量的 42%，成为商品类投诉榜第一名。另一方面，其他行业发展不足。汽车保险、汽车金融、汽车租赁等其他主要汽车后市场领域，产品同质化现象严重，市场发展明显落后。

相关法律法规和标准不健全。目前国内汽车后市场缺乏健全的市场管理体系与制度,汽车维修、二手车、汽车租赁等细分领域的行业指导规范有待完善。市场体系不健全,导致汽车后市场各行业在价格方面形成恶性竞争,服务缺乏诚信度,服务质量难以保证。

企业规模小而散。目前,我国整车生产企业约有200家,但汽车售后服务和相关企业不计其数,其中作坊式的维修服务店数量最多,后市场产业集中度低。众多中小型的汽车后市场服务店,专业化能力薄弱,停留于"小散乱"的低层次重复建设和同质化竞争上,难以取得规模化的效益,与之相应的是价格体系混乱、产品质量参差不齐、企业诚信问题突出等弊病。

管理服务水平有待提高。在汽车后市场发展过程中,由于行业发展速度快,人力资源的供给跟不上行业发展的步伐。相关的专业人才培养体系不健全,服务意识与能力欠缺,行业服务水平差强人意,品牌化连锁经营面临管理和技术瓶颈。

四、重庆汽车后市场发展现状

(一)市场规模及结构

1.汽车后市场发展基础

近年来,重庆汽车保有量稳步增加,2020年重庆汽车保有量达到504.4万辆,在全国各大城市中排名第三。巨大的汽车保有量、逐步提高的汽车使用年限为重庆汽车后市场发展奠定了坚实基础。

图 2　重庆汽车保有量增长情况

2012年	2013年	2014年	2015年	2016年	2017年	2018年	2019年	2020年
159.5	192.9	237.2	279.0	328.1	371.8	419.7	463.3	504.4

表 12　2020年全国汽车保有量排名 TOP 10

排名	城市	汽车保有量/万辆
1	北京	603.2
2	成都	545.7
3	重庆	504.4
4	苏州	443.3
5	上海	440.1
6	郑州	403.9
7	西安	373.6
8	武汉	366.0
9	深圳	353.6
10	东莞	341.0

2.汽车后市场规模测算

随着汽车产业由成长期迈入成熟期,前市场销量增速趋缓,后市场迎来蓬勃发展期。2019年重庆市新车销量约60万辆,新车销售收入约为800亿元。根据本课题对汽车后市场的界定,课题组对九个细分行业的规模分别进行测算加总,估算2019年重庆汽车后市场规模约为3555亿元,是新车销售收入的4倍,占全市社会消费品零售总额的30.6%,对促进国民经济发展、拉动消费具有重要贡献。

需要说明的是,本课题对重庆汽车后市场的界定宽于网内大多数的统计范围,不能简单进行横向比较。若剔除汽车能源和汽车旅游两项,重庆汽车后市场的规模只有1395亿元,约为新车销售收入的1.7倍,占全市社会消费品零售总额的12%,发展水平并不高。

3.汽车后市场内部结构

从汽车后市场内部结构看,汽车旅游、汽车维修及美容、汽车能源、汽车保险、汽车金融、二手车等六个行业消费对汽车后市场消费的贡献达到99%以上,汽车租赁、汽车驾培、报废车回收处理等行业的贡献较小。传统的汽车维修、汽车能源、汽车驾培等行业占比只有约30%,汽车旅游、二手车交易等新兴行业展现出巨大发展潜力。

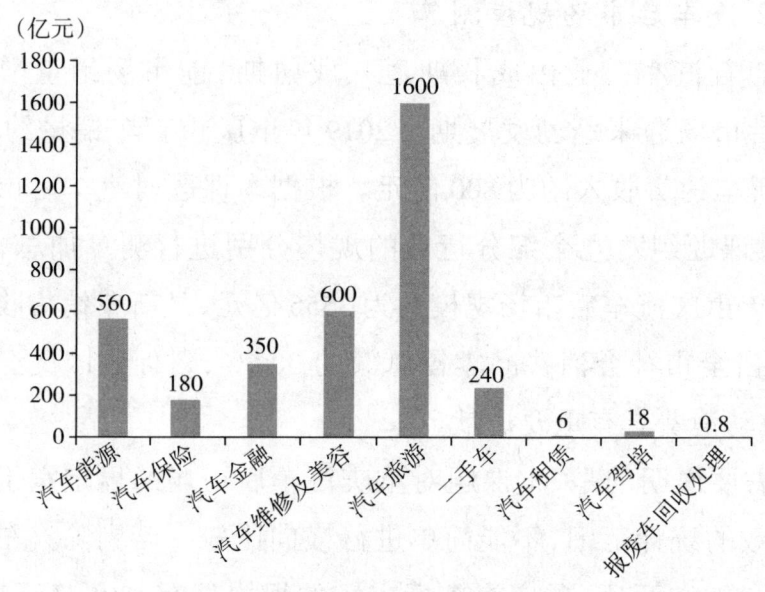

图3 重庆汽车后市场规模(2019年)

(二)九大细分行业发展情况

本研究对九个细分行业分别进行了专题研究,根据专题研究,总结细分行业发展情况。

1.汽车能源

汽车能源消费包括燃油、天然气、充电桩等为车辆提供动力的能源消费,考虑到重庆市目前仍以燃油车辆为主,新能源汽车所占比例较少,本报告对汽车能源消费的估算主要基于对燃油车辆的燃油消费估算。根据《中国能源统计年鉴2018》,2018年,重庆市交通领域油品消费为593.76万吨,参考2017年的汽油、柴油价格和汽油、柴油消费量比例,结合2018、2019年汽车保有量增速,估算2019年汽车能源消费约为560亿元。

2.汽车保险

汽车保费收入稳步增长。近年来,随着全市汽车保有量的增长,汽车保险费收入呈现稳步增长趋势,2019年全市汽车保险保费收入达到173亿元,2012至2019年年均增速达到12%。

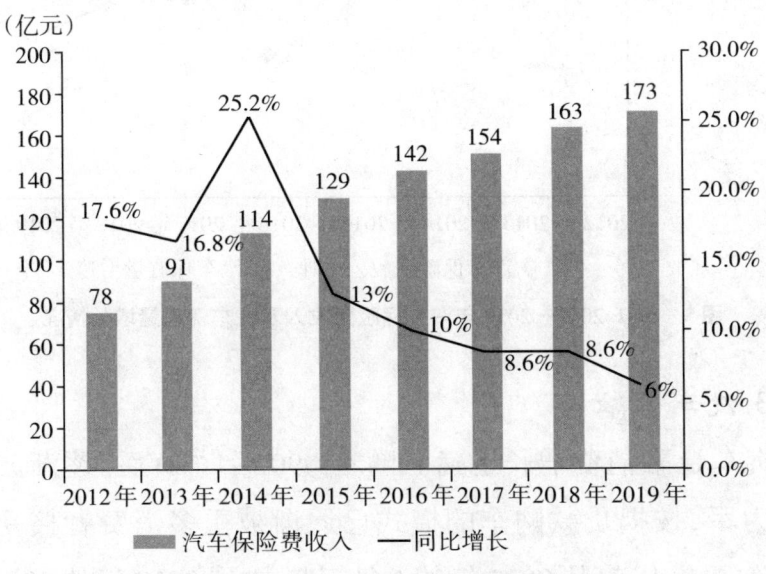

图4 重庆2012—2019年汽车保费收入情况

车险消费增速低于汽车保有量增速。汽车保险的主要购买渠道为保险公司官方网站、电话直销、手机App、4S店、车险代理人,各种购买渠道互相渗透。近年来由于车险产品同质化严重,消费者增加车险消费的意愿不大,因此,自2015年以来,全市汽车保费收入增长速度明显低于汽车保有量增速。

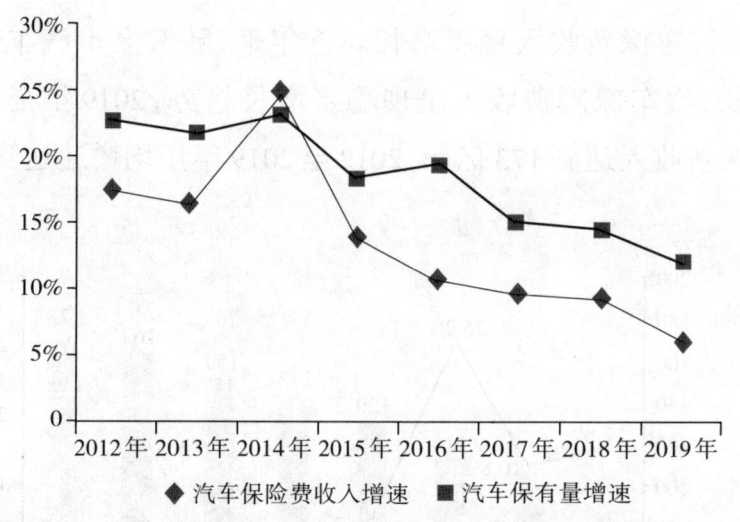

图5 重庆2012—2019年汽车保险费收入及汽车保有量增长情况

3.汽车金融

汽车金融消费增长迅猛。随着"90后""00后"逐渐成为消费主力军,按揭贷款购车的模式已逐渐被更多消费者接受。全市汽车零售贷款从2013年的5亿元增加到2018年的328.89亿元,五年的年均增速超过100%。结合2019年汽车保有量增加,估算2019年汽车零售贷款额约为350亿元。汽车金融业务的开展降低了消费者购车门槛,激发了消费欲望,在一定程度上促进了全市汽车销量增加。

（万元）

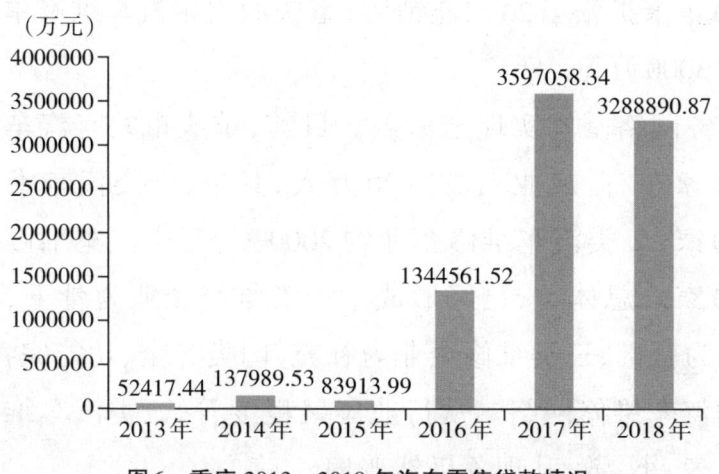

图6 重庆2013—2018年汽车零售贷款情况

2013年	52417.44
2014年	137989.53
2015年	83913.99
2016年	1344561.52
2017年	3597058.34
2018年	3288890.87

汽车金融消费产品和价格趋同。重庆目前开展的汽车金融服务包括零售信贷业务和经销商融资业务，但由于商业银行在汽车金融行业中仍然起着主导作用，汽车金融公司融资来源有限，汽车消费贷款成为实际的主要汽车金融产品。与汽车保险一样，汽车金融也面临产品设计相似、购买渠道单一等问题，直接导致了汽车金融产品价格趋同。

4. 汽车维修及美容

汽车维修业作为传统的汽车后市场行业，经过多年发展，行业整体实力迈上新台阶，据估算，2019年全市汽车维修及美容市场年消费总额达到600亿元。

行业连锁化、系统化、规模化发展的趋势明显。一方面，汽车互联网维修平台相继出现，如途虎养车、小拇指快修连锁、易快修等纷纷布局重庆市场，市场份额不断扩大。另一方面，本地化新锐服务平台正在兴起：以豪杰奔宝为代表的专业维修店，在2020年末扩张至20家连锁店；重庆渝之星汽车维修单店年产值将近3000万元。

服务网络基本实现全覆盖。目前，重庆市共有汽车维修企业9000家左右，从业人员约20万人，其中：一类汽车维修企业约1000家，二类汽车维修企业约2000家，三类汽车维修经营户约6000家。总体看，已经形成了一类维修企业为骨干、二类维修企业为基础、三类维修企业为补充，门类齐全、功能完善、覆盖全面的汽车维修网络。从行业集聚程度看，三类汽车维修企业数量最多，小、散、乱现象仍然普遍。

服务质量有待提高。汽车维修保养是车主日常消费频率较高的服务，根据问卷调查发现，当前对汽车维修保养美容服务方面的满意度整体不高，维修服务存在收费标准不透明、等待时间过长、单独收取工时费、维修人员技术差、维修环境不佳、服务人员态度较差等诸多问题，其中收费标准不透明、维修等待时间过长的问题最为突出。

5. 汽车旅游

汽车旅游消费成为后市场最大的亮点。自驾游作为新兴行业，在重庆起步较晚，但发展快速。2019年，全市接待境内外游客6.57亿人次，按自驾游客约占总游客数的30%计算，全市自驾游人数约为2亿人次。按人均消费800元计算，2019年全市汽车旅游带动消费达到1600亿元，成为支持后市场发展的最强支撑。产业发展较为粗放。汽车旅游上下游产业链较长，可以带动餐饮、住宿、购物、旅行装备、汽车用品等相关消费。当前，由于自驾旅游大多属于消费者自发的个体行为，各关联产业未形成协作。自驾游产品不够丰富,当前以娱乐休闲为主,产品类型较为单一,难以对游客形成二次吸引。

基础设施不断完善。在基础设施方面,近年来,重庆持续加强公路、旅游区服务站建设,完善旅游路标设置、加油站布局,利用官方平台开展自驾游路线咨询和预订服务。学习国外自驾游房车营地经验,规划在2030年建成50个自驾车房车营地。对重庆自驾车、房车营地项目建设情况进行摸底了解到,目前全市已建成汽车营地35个。

表13 重庆部分自驾车房车营地情况表

序号	营地名称	位置	经营内容	车位及配套
1	红池坝自驾车露营地	重庆市巫溪县文峰镇红池坝国家森林公园	帐篷露营区、木屋居住区、烧烤娱乐区等	配套建设帐篷露营区、木屋居住区、烧烤娱乐区等服务设施
2	四面山汽车影院露营地	江津区望乡台景区文家寨营地	帐篷租赁服务、帐篷露营区、餐饮及医疗卫生服务	最佳观影车位约50个,文家寨停车场可停放车辆约190辆,可容纳帐篷约100顶
3	重庆乐耕农场房车营地	重庆市九龙坡区金凤镇虎峰村五灶营地	住宿、自助烧烤、帐篷露营、乐耕讲堂、休闲垂钓、科普游玩区	旅居车营位1个、帐篷营位3个

续表

序号	营地名称	位置	经营内容	车位及配套
4	重庆綦江花坝露营地	重庆市綦江区石壕镇万隆村营地	房车营位、住宿、景观景点区	15个特色帐篷客房、一辆拖挂房车、房车营位
5	重庆石柱千野草场露营地	重庆市石柱县鱼池镇营地	房车露营、休闲娱乐等配套设施	露营区配有厕所、自来水、沐浴房、超市及烧烤基地
6	重庆安居黄家坝湿地公园露营地	重庆铜梁区安居古镇黄家坝湿地公园	自助烧烤、露营、休闲旅游	拥有越野车赛道、航模跑道和真人CS赛区
7	重庆高炉淌汽车营地	奉节天坑地缝景区	自然景观露营区、休闲旅游	有500平方米的停车场,供自驾车辆使用
8	重庆渝北国家农业科技园休闲垂钓度假区	重庆市渝北区兴隆镇渝北国家农业科技园区营地	房车露营、休闲娱乐等	房车营位30个、帐篷营位30个、自驾车营位20个
9	长寿湖国际房车露营地	长寿湖湖滨路拱背桥附近	房车露营区、帐篷区、特色木屋区、儿童娱乐区、景观景点区	房车20多辆、露营帐篷200多个

续表

序号	营地名称	位置	经营内容	车位及配套
10	重庆玉峰山客乐得房车营地	重庆市渝北区玉峰山森林公园	房车露营地、建筑产业现代化科普场馆、科普基地与集成建筑体验园	自驾车营位80个、自行房车营位30个、拖挂房车营位35个
11	黑山谷语房车营地	重庆綦江区万盛经开区黑山谷	房车露营地、住宿、休闲旅游等	拥有新型拖挂式房车10台
12	重庆森林越野公园营地	重庆市南川区太平场镇中坝村	住宿、餐饮、观光、露营等	20个房车营位、一辆拖挂房车
13	沪蓉高速冷水服务区自驾车房车营地	沪蓉高速湖北与重庆交界处石柱县境内	综合服务、自驾车房车露营、温泉、娱乐休闲	房车停靠、帐篷露营、汽车旅馆、自助烧烤、移动健身、足疗按摩、运动Wi-Fi、宠物托管、医疗救援、电动汽车充电等服务
14	璧山秀湖汽车露营公园	重庆市璧山区黛山大道西侧	自助烧烤、帐篷露营、房车露营及租赁、餐饮服务、儿童游玩区	建有大小停车位800余个、帐篷营位100余个、房车营位33个、房车接待中心755平方米

6. 二手车交易

随着汽车升级换代频率加快、消费者意识改变,重庆二手车市场提速发展。据市二手车流通协会统计,2012—2017年全市

二手车交易量年均增长率为12.7%,二手车交易额年均增长率为16.5%。据此估算2019年全市二手车交易额约为240亿元。

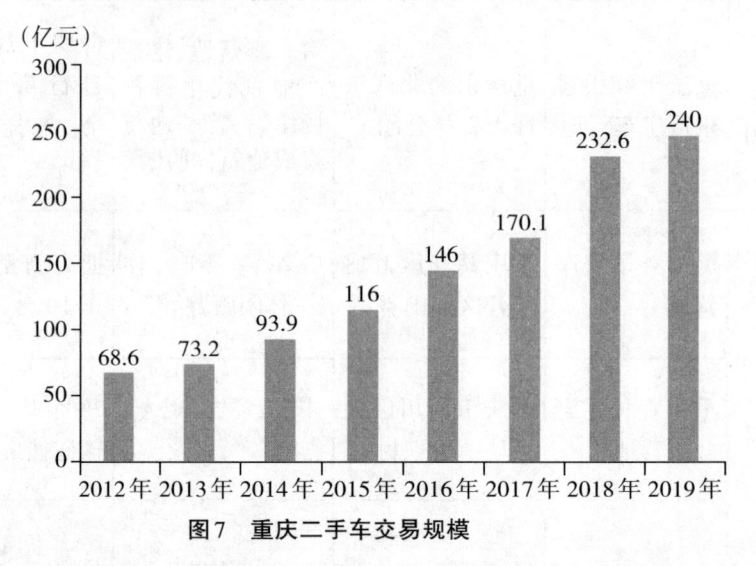

（亿元）

2012年	68.6
2013年	73.2
2014年	93.9
2015年	116
2016年	146
2017年	170.1
2018年	232.6
2019年	240

图7 重庆二手车交易规模

二手车消费环境不断改善。近年来,随着国家全面取消二手车限迁政策,及时出台促进二手车销售的相关政策,深入开展二手车交易诚信建设,二手车市场秩序更加规范。

二手车交易模式转变。传统的二手车交易主要通过整车厂经销商(4S店)、独立二手车经销商(大小车商和二手车品牌连锁店)以及私人之间交易等三种渠道。二手车电商平台的进入促进二手车市场进入快速发展期,电商平台凭借技术创新、交易信息透明化、交易流程简化、服务体验改善,治愈了二手车消费中的部分"痛点",吸引了更多用户。目前,全市通过互联网二手车平台购买或出售二手车的渗透率达75%。

二手车消费顾虑较多。对比全国与重庆二手车与新车销量比例,重庆二手车市场整体发展处于起步阶段,根据问卷调查,超过70%的被调查者表示不愿意考虑购买二手车,主要原因除了传统消费观念外,还与二手车的交易信息不透明以及售后服务、维修保养难以保障有关。

二手车交易以中低档车型为主。对2012—2019年重庆二手车单车交易价格进行对比可知,2015—2019年,单车交易均价在7万元左右,整体交易单价偏低,与问卷调查结果所显示的愿意购买二手车的消费者主要基于车价便宜的考虑一致。

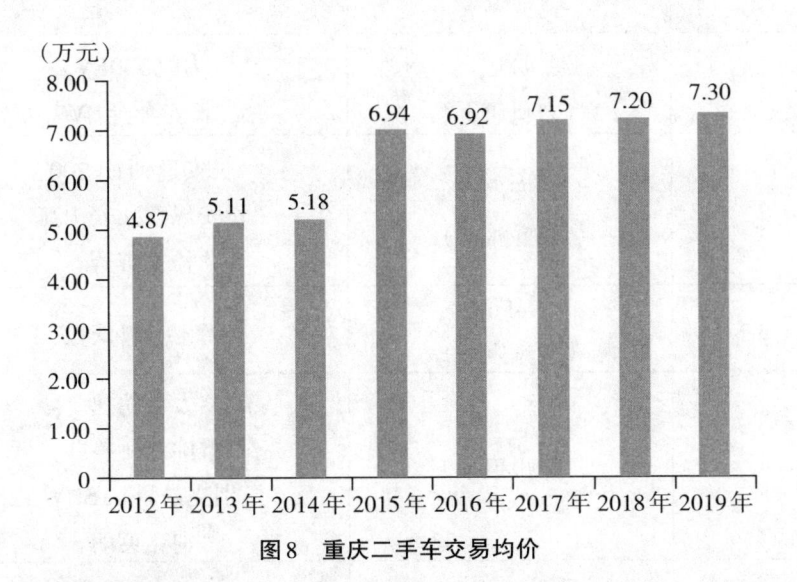

(万元)

年份	2012	2013	2014	2015	2016	2017	2018	2019
均价	4.87	5.11	5.18	6.94	6.92	7.15	7.20	7.30

图8 重庆二手车交易均价

7.汽车租赁

汽车租赁行业包括传统汽车租赁(即仅提供汽车租赁而不提供驾驶服务)和共享汽车。由于传统汽车租赁行业在租赁模式、平台技术、资本运作等多个方面发生巨大变化,业务规模缩减较快,因此本研究重点关注共享汽车板块。

共享汽车迎来高速发展期。共享汽车通过提供汽车使用权代替拥有权的方式,为城市出行提供了一种新的选择,能够满足用户个性化的出行需求。特别是2014年移动互联网平台广泛使用后,共享汽车进入加速发展阶段。目前,全市共有分时租赁企业8家。2019年,各运营方在重庆投放的分时租赁车辆总量达到7000辆,按每车每日收入240元计,全年共享汽车租赁收入约为6亿元。

表14　重庆共享汽车企业名单

序号	企业名称	主要车型
1	盼达 (力帆旗下)	力帆330EV 长安奔奔EV
2	长安出行 (长安旗下)	长安逸动EV200 长安尼欧长安雨燕 长安奔奔
3	GoFun (首汽旗下)	雪佛兰科沃兹
4	神州租车	大众朗逸 雪佛兰科鲁兹 别克昂科拉SUV 别克英朗
5	联动云租车	观致5
6	智道出行 (重庆交运旗下)	车型较多
7	Evcard (上汽旗下)	长安奔奔EV 奇瑞EQ 荣威ERX5
8	众行EVPOP (众泰旗下)	众泰汽车E200 众泰云100S

共享汽车优势明显。与传统汽车租赁依托实体门店开展汽车租赁业务相比,共享汽车利用移动互联网、全球定位等信息技术构建网络服务平台,为用户提供自助式车辆预订、车辆取还、费用结算等服务,具有可在线注册、办理租车、随去随还、计费灵活等优势。

共享汽车使用场景有待拓展。目前,重庆共享汽车主要与出租车、网约车和私家车的出行场景较为接近,单次出行里程多为10~30千米的中短距离。根据调查问卷,当前重庆消费者主要将共享汽车作为自驾出游、外地出差的代步工具,而将其作为通勤的使用频率相对较低。

8.汽车驾培

驾培消费呈下降趋势。汽车驾培伴随汽车的普及而发展,在2006年实现考试和培训分离后,逐渐走上社会化发展道路。2015年以后,汽车驾培行业在爆发式增长后,存量学员数量减少,驾培行业收入出现下降。2019年,全市驾校实际培训学员数量62万人,按人均3000元计费,驾培行业实现消费约18亿元。

汽车驾培市场供大于求。2019年,重庆市共有驾校417所,教练车共计2.4万台,教练员3.8万人。其中:主城区共有驾校172所,教练车1.1万多台。随着市场供求关系发生改变,驾驶培训市场从供不应求变成了供大于求,按每台教练车每月培训6人计算,年培训能力达到172万人次,但2019年全年全市实际培训学员仅为62万人。

市场推动驾校提升服务。在驾培市场供大于求的情况下,更加注重服务和教学质量的驾校逆势发展。新型驾校率先推出了教练员标准化培训手册,对教练员进行严格培训考核;为学员提供一对一教学、手机小程序预约学车等便捷服务;创新营销模式,如壹鹿驾校的"行推"模式,以驾校一定距离为半径,逐个公司上门推销,前往高校进行宣传。

9. 报废车回收处理

报废车回收处理行业是后市场的新兴行业,在新的社会资本和新技术的促进下,报废车辆利用价值日益增加,行业发展步伐加快,但其在全市汽车后市场中所占份额仍然较小。据统计,2018年,重庆市报废汽车回收拆解行业企业销售收入8024.58万元,同比增长44.94%,回收各类报废汽车40669辆。

报废车回收处于起步阶段。2018年,全市共有报废汽车企业20家,其中:国有或国有控股企业9家,民营企业11家。单个企业集中度高,重庆市报废汽车集团回收拆解数量最大,占全市的61.4%。

行业现代化水平不断提升。以重庆市报废汽车集团、中钢报废汽车和交运环循科技为代表的报废汽车企业不断完善拆解设备设施,使用大力剪、多功能拆解机、装载机、等离子切割机等机器设备拆解报废汽车,有的企业还建设了破碎线,改善拆解环境,提高拆解效率。重庆市报废汽车集团、中钢报废汽车、钦满发等部分企业在拆解场地设置了车驾管服务中心,为车主提供一站式服务,服务能力不断增强。

行业社会效益显著。报废车回收处理行业是汽车产业链中的重要一环,报废车辆中含有大量的可再生资源,包括废钢铁、废有色金属、废塑料、废橡胶等,使用废钢生产钢铁可大量减少二氧化碳和固体废物排放,对资源节约和环境保护贡献可观。同时,由于行业资源及产品的特殊性,行业从业人员多为农民工,对带动就业具有促进作用。

(三)存在问题及原因分析

1. 行业发展环境有待改善

由于对汽车后市场重视程度不够,对行业统一规划引导和政策支持不足,各细分行业基本统计数据缺乏,难以对汽车后市场进行系统性分析研究。汽车后市场涉及的领域广泛,行业管理分散在政府不同的部门。尽管汽车后市场的整体规模很大,但就每一个细分行业而言,在其业务主管部门所管的行业领域中并不占主导地位,多数处于边缘状态。这种管理的碎片化极大地妨碍了人们对汽车后市场地位和作用的认识,也难以对汽车后市场发展形成整体规划和政策合力。需要在政府层面加强统筹协调,做好顶层设计,明确责任分工,不断优化行业发展环境。

2. 整体服务水平不高

重庆汽车后市场整体服务水平不高、消费体验差,主要原因有以下三个方面。一是在市场化程度较高的行业,如汽车保险、汽车维修、汽车旅游、汽车驾培等行业,由于服务提供商众多,市场竞争激烈,价格成为吸引消费者的关键因素,服务质量则不是第一位。二是在市场化程度较低的行业,如汽车能源、汽车金融、报废车回收处理等行业,服务供应商是资源的拥有方,产品种类和价格趋同,没有市场竞争激励其提高服务质量。三是在汽车租赁、二手车交易等新兴行业,由于新兴科技的引入,行业产生了巨大变革,经营模式和服务规范正在重构中,各企业服务质量差异大。

3. 行业管理不规范

汽车后市场涉及众多细分行业,各行业缺乏相应的行业服务标准,导致管理制度较混乱、服务质量难以保证。特别是在汽车维修、汽车旅游、汽车驾培等市场主体数量庞大的行业,缺乏行业经营规范、统一的服务标准和服务质量考核体系,导致客户满意度低,难以撬动更多的后市场消费。

4. 专业技术人员缺乏

汽车后市场多为服务行业,但由于与汽车相关,则需要掌握汽车和相关领域技能的复合型人才。以从事汽车保险业服务的人员为例,其不但需要掌握保险知识,还需要具备汽车的专业技术知识,熟悉汽车检测、维修等领域的业务,更要具备良好的从业品质。目前,重庆汽车后市场专业人才相对匮乏,由此带来了一系列的问题,如服务水平有待提高、服务纠纷层出不穷、服务质量难以保证等。

五、重庆汽车后市场消费分析预测

(一)影响后市场消费的主要因素分析

1. 国家政策鼓励汽车后市场发展

近年来,国家不断出台促进汽车产业发展和汽车消费升级的政策，在促进汽车销量上升的同时，也打破市场垄断，促进公平竞争，使汽车后市场发展如虎添翼。随着市场秩序日趋规范，经过结构调整和重新洗牌，汽车后市场将迎来黄金发展期。

表15　国家层面汽车后市场政策汇总

发布时间	文件名称	主要内容
2019年1月	《进一步优化供给推动消费平稳增长促进形成强大国内市场的实施方案（2019年）》	针对汽车消费提出了6条具体措施。在推进老旧汽车的更新、报废更新方面，支持有条件的地方对报废国三及以下排放标准的汽车以旧换新，并给予适当补助
2018年9月	《国务院办公厅关于印发完善促进消费体制机制实施方案（2018—2020年）的通知》	在完善促进消费结构升级的政策体系中指出，促进汽车消费优化升级要深挖汽车后市场潜力
2018年9月	《中共中央　国务院关于完善促进消费体制机制　进一步激发居民消费潜力的若干意见》	促进实物消费不断提档升级，在住行消费方面积极发展汽车赛事等后市场
2017年4月	《汽车产业中长期发展规划》	加快发展汽车后市场及服务业。支持企业由提供产品向提供整体解决方案转变。鼓励发展汽车金融、二手车、维修保养、汽车租赁等后市场服务，促进第三方物流、电子商务、房车营地等其他相关服务业同步发展
2016年12月	《"十三五"节能减排综合工作方案》	加快互联网与资源循环利用融合发展，支持汽车维修、汽车保险、旧件回收、再制造、报废拆解等后市场全生命周期信息的互通共享

表16 国家层面汽车后市场细分领域政策

发布时间	文件名称	主要内容
2020年4月	《关于稳定和扩大汽车消费若干措施的通知》	畅通二手车流通交易、鼓励发展汽车消费金融
2019年6月	《报废机动车回收管理办法》	一是取消报废汽车回收拆解企业总量控制要求,实行"先照后证"制度。二是允许"五大总成"再制造再利用和旧件流通。三是废除报废机动车的收购价格参照废旧金属市场价格计价的规定,由市场主体自主协商定价
2018年9月	《中共中央 国务院关于完善促进消费体制机制进一步激发居民消费潜力的若干意见》	在促进消费提质升级的背景下,将全面取消二手车限迁政策
2017年6月	《关于促进汽车租赁业健康发展的指导意见(征求意见稿)》	对于汽车租赁的各个方面提出了具体要求,其中专门鼓励分时租赁规范有序发展

2.重庆人口总量稳步增长

人口的数量与汽车后市场的发展密切相关,近年来,重庆常住人口以每年20多万人的速度增长。2019年全市常住人口3124.32万人,比上年增加22.53万人,城镇化率达到66.8%。当区域人口增加,城镇化进程加快,该地区汽车后市场服务的需求量将会随之上升。按照《重庆市人口发展规划(2016—2030年)》,2030年全市常住人口将达到3600万人左右,为汽车后市场提供了基本需求保证。

(万人)

年份	2014年	2015年	2016年	2017年	2018年	2019年
人口	2991	3017	3048	3075	3102	3124.32

图9 重庆常住人口增长情况

3. 汽车保有量持续增加

汽车保有量在很大程度上决定了汽车后市场的现实需求量，2019年重庆汽车保有量为463.3万辆，在全国各城市中排名第三，但人均汽车保有量仅为0.15辆，低于全国人均汽车保有量0.19辆的水平，远低于美国0.8辆、日本0.6辆的水平。根据近年来重庆汽车保有量的增长趋势，未来汽车保有量将保持增长，虽然增速有所放缓，但汽车保有绝对量的增加为后市场发展创造了巨大空间。

4. 消费者收入水平提升

消费者收入提高，一方面会增加对新车的消费需求，从而增加对汽车维修、汽车保险、汽车金融等后市场服务的需求。另一方面，对于车主而言，则会由于对生活品质的要求提高，进而增加对汽车保养和美容、汽车旅游等服务的消费需求。"十三五"以来，重庆城镇居民人均可支配收入保持持续增长，未来消费者收入提高，会进一步促进后市场消费需求扩张。

(元)

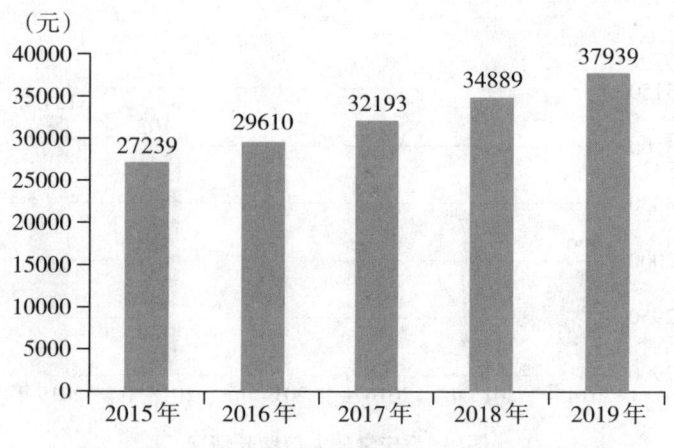

2015年	27239
2016年	29610
2017年	32193
2018年	34889
2019年	37939

图10 2015—2019年重庆城镇居民人均可支配收入情况

5.服务价格更加合理

汽车后市场发展初期,由于服务企业规模小、分布散,导致行业服务定价乱、价格不透明。随着行业规模化发展、行业标准的建立,规范化经营促使服务价格更加透明、服务质量更有保障,将在很大程度上提升消费者对于后市场服务消费的信心,逐步增加消费。

6.公路路网不断完善

公路路网的建设是汽车后市场发展的基础。经过多年快速发展,2019年,全市公路通车里程达到17万千米,高速公路通车里程达到3233千米,为汽车的使用奠定了更加坚实的基础。根据《重庆市高速公路网规划(2019—2035年)》,2035年,全市高速公路将形成"三环十八射多联线"的高速公路网布局形态,路网加密、路况改善,都为后市场消费增加创造了条件。

7.汽车能源价格上升

近年来,新能源汽车发展提速,但目前全市汽车仍以燃油车为主,能源价格的上涨,将在一定程度上影响对燃油车的需求量,促使部分消费者转向购买新能源汽车。新能源汽车保有量的增加,将催生新能源汽车的后市场发展。

(二)发展趋势研判

为深入分析汽车后市场发展趋势,了解消费者对汽车后市场各项服务的消费需求和消费意愿,课题组进行了重庆汽车后市场消费者问卷调查,共回收有效问卷751份。根据问卷调查结果,结合后市场消费影响因素分析,将重庆汽车后市场各细分行业按发展特点分为三类,分别分析增长趋势。

1. 传统行业消费增速放缓

经过多年发展,汽车能源、汽车保险、汽车维修、汽车驾培等行业在经营模式、产品设计和服务要求等方面已趋于成熟,车主消费更加理性,未来行业变化较小。根据问卷调查,三分之二以上的消费者愿意维持现有保险消费,90%以上的消费者选择按基本要求对汽车进行保养维护。因此,未来汽车能源、汽车保险、汽车维修消费增长主要来自汽车保有量的增加,汽车驾培的增量消费主要来自适龄青年。汽车保有量增速放缓的趋势决定了未来上述行业的消费将在较长时期内保持增长,但增长速度有所放缓。

2. 转型行业消费需求逐步释放

二手车和共享汽车是随电商平台的发展而发生巨大变革的行业。根据问卷调查,超过70%的受调查者表示不愿意考虑购买二手车,主要原因除了传统消费观念外,还与二手车的交易信息不透明以及售后服务、维修保养难以保障有关。同时,超过70%的消费者表示一般不使用共享汽车。目前,重庆有证无车的人群约有300万人,且每年平均新增拿证人数60万人,这个人群也是二手车和共享汽车未来消费的主力军。随着二手车交易、二手车质量管理体系更加完善,未来买车养车成本越来越高、公务用车受限、旅游市场散客时代来临,二手车和共享汽车的消费需求将逐步增加。

3.新兴行业消费潜力巨大

汽车旅游、汽车金融、报废汽车回收处理是汽车后市场的新兴行业,行业发展处于起步阶段。这三类消费与未来发展趋势相吻合,汽车旅游满足了未来大众化的休闲旅游需求,汽车贷款模式将越来越被广大年轻消费者接受,报废汽车回收是资源有效利用和环境保护的需要。根据问卷调查,汽车旅游是车主最愿意增加消费的行业,超过50%的消费者愿意增加自驾游消费。因此,在行业管理更为规范、服务质量提升的情况下,上述三个行业将是汽车后市场消费增长最快、潜力最大的行业。

表17 汽车后市场消费趋势

行业类型	细分行业	消费趋势
传统行业	汽车能源、汽车保险、汽车维修、汽车驾培	消费增速放缓
转型行业	二手车、共享汽车	消费需求逐步释放
新兴行业	汽车旅游、汽车金融、报废汽车回收处理	消费潜力巨大

(三)总体规模预测

以2019年重庆汽车后市场规模及结构为基础,充分考虑各类影响因素对细分行业的影响,预测传统行业、转型行业、新兴行业三类行业的增长速度,对2025年、2035年重庆汽车后市场整体规模进行预测。

1.2025年重庆汽车后市场规模预测

根据汽车后市场发展趋势,传统行业中,汽车能源、汽车维修、汽车保险三个行业增速基本与汽车保有量增速保持一致,汽车驾培则与人口增速保持同步,按年均增速4%进行预测。转型行业中,电商平台之间的竞争对共享汽车产生较大影响,二手车的观念难以在短期内有较大改变,因此"十四五"期间,行业增速不宜考虑过快,按年均增速3%进行预测。新兴行业方面,各方影响对汽车旅游、汽车金融、报废汽车回收处理的正向促进将加快消费需求释放,按年均增速5%进行测算。预计到2025年,重庆汽车后市场规模可达4600亿元。

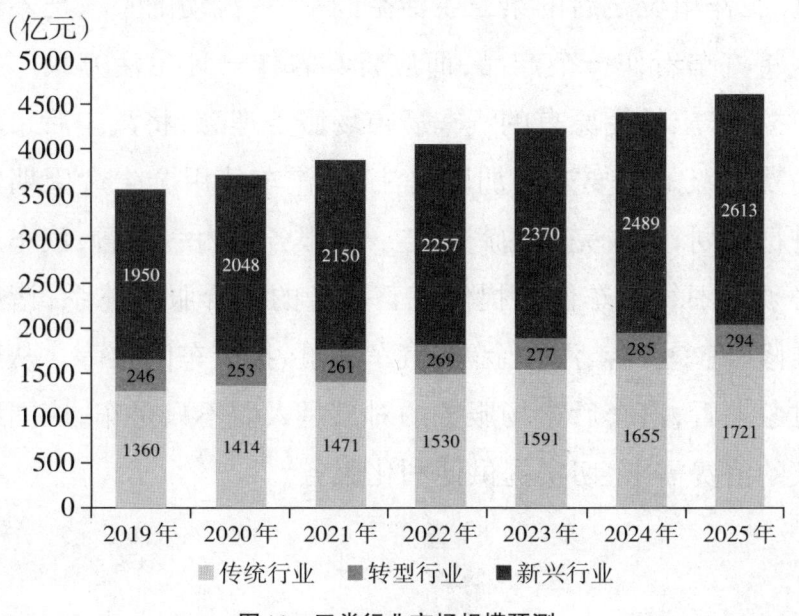

年份	传统行业	转型行业	新兴行业
2019年	1360	246	1950
2020年	1414	253	2048
2021年	1471	261	2150
2022年	1530	269	2257
2023年	1591	277	2370
2024年	1655	285	2489
2025年	1721	294	2613

图11 三类行业市场规模预测

2. 2035年重庆汽车后市场规模预测

经过多年发展,全市汽车保有量进一步增加,传统行业的发展总体趋于平稳,按年均增速1%进行预测;转型行业经过调整升级后,将迎来新一轮快速增长期,按年均增速5%进行预测;新兴行业步入稳定发展期,按年均增速3%进行预测。据此估算,2035年,重庆汽车后市场规模可达5800亿元。

六、汽车后市场发展的重点任务

(一)树立全新服务理念

如今汽车已成为人们生活的重要组成部分,成为现代人继家庭、工作单位之后的第三生活空间——"流动的家",已不能简单地将汽车看作一个产品,而应将其看作一种生活方式。在这一前提下,应转变原有的汽车后市场服务理念,将汽车后市场作为消费升级的重要方向加以关注,从汽车使用全生命周期的角度进行规划,形成完整的产业链。从服务的内容上看,汽车后市场必须是围绕汽车使用提供完整服务的综合服务体系,诸如汽车维修、汽车旅游、汽车金融、汽车保险、报废车回收等。从服务的对象上看,汽车后市场服务的对象是人而不只是车,应围绕用车人的消费需求,切实提供便利化服务。

(二)加强产品开发创新

为更好地满足消费者需求,应以客户需求和市场变化为导向,持续开发新产品,加大对新产品的研发投入,推动产品创新。汽车保险行业加大新型车险产品开发力度,借助大数据、车联网等新技术的发展,加强基础数据的收集和整理工作,深入挖掘风险因素,构建风险模型,开发和储备创新型条款,推动车险产品更新。汽车金融行业应积极开展以汽车信贷为主导的融资租赁、信贷合同转让、信托租赁、抵押等风险相对较小、回报率稳定的中间业务,以拓宽汽车金融服务机构的利润增长点。汽车旅游行业应以全域旅游为牵引,继续保持"网红城市"的热度,深度整合和开发重庆特色优势旅游项目,打造深度自驾游产品,不断将新开发的景点纳入汽车旅游线路,以优质的体验吸引游客。

(三)培育服务连锁品牌

实施汽车后市场服务品牌经营策略,引导行业品牌化、连锁化发展,提高行业竞争力。在汽车维修、汽车驾培、二手车等行业引进和培育符合重庆实际、具有社会影响力的汽车后市场服务品牌。借鉴发达国家、国内先进地区的品牌培育经验,广泛推行品牌连锁运营模式,向集中化、规模化发展,以品质服务逐步取代价格战,通过提供高品质、高技术含量、人性化的专业服务打造品牌。广泛发展联盟和连锁,通过统一培训、统一标识、统一价格、统一管理、统一技术支持、统一配送,形成规范化服务。汽车维修行业加快引进培育龙头企业,创建维修行业品牌,发挥行业龙头企业的带动和标杆作用,引导行业企业规范化、良性化发展。支持以企业为主导开展有序重组整合、企业并购和战略合作,支持优势企业以相互持股、战略联盟等方式强强联合,不断提升产业集中度。汽车驾培行业鼓励驾校跨地区重组联合,推动发展和扩大一批在技术、人才、管理以及资金等层面具有示范效应的品牌驾校。通过引导驾培行业实行运输运营集约化、规模化的策略,适度对能够联合的中小企业实施合并调控,切实整治驾培行业的"小、散、乱"问题。二手车行业重点引导二手车经销企业开展品牌化、连锁化经营,推动新车销售企业开展二手车经销业务,建设以经销公司为主体,经纪、拍卖、电商和评估认证为辅助的市场格局。

(四)推动商业模式更新

引入互联网思维,推进服务模式更新,优化和重塑传统服务体系,提升行业整体服务效率。汽车维修行业经过多年发展后,以途虎养车为代表的自营型养护电商所占市场份额领先,重视线上服务、线下体验以及现代物流的深度结合,提升线下门店服务标准,提供良好的产品服务保障,促进在线养护平台可持续发展。汽车保险行业充分发挥线上车险费用较低、线上购险效率高、可在线完成自动理赔等优势,推动互联网保险公司、独立第三方保险平台的互联网运营体系稳步发展,拓宽消费者购买渠道,形成全程自助、第三方导流服务为主的汽车保险线上购买和理赔新模式,优化升级服务。二手车行业主动与国内互联网平台对接，积极整合企业线下运营能力与平台的线上运营能力。依托二手车交易综合服务平台建设，整合融入车辆采购、金融保险、导流客源等方面的全产业链服务。汽车租赁行业探索多元化的"互联网+"之路：一是鼓励传统汽车租赁企业找准定位、发挥所长，开发自己的互联网平台，凭借多方面运营优势，提升区域市场占有率；二是与现有的互联网平台结合，通过主动与国内互联网租车平台接洽与对接，积极整合企业线下运营能力与约车平台的线上运营能力，推动共享汽车发展新模式的发展。汽车驾培行业推广"先学后付"培训模式，健全"先学后付"相关配套管理制度，以消费者服务满意为导向倒逼服务水平提高。

（五）全面提升服务体验

一是提高服务便捷性。通过整合购买渠道，建立和完善服务网络，提高产品购买效率。汽车能源、汽车维修、汽车租赁、报废汽车回收等以线下为窗口的行业，扩大网络覆盖范围，科学规划、加快完善服务网点、站点布局，提供高效服务。汽车保险、汽车金融、二手车、汽车驾培等线上线下相结合的行业，简化服务流程，减少服务环节，加强各环节间的衔接服务，消除服务盲区，提升服务水平。二是提升服务质量。随着"80后""90后"成为汽车后市场消费的主力军，他们对消费环境、服务质量提出更高要求，应通过提供满足和超越客户期望的服务，提升消费者体验。可从延伸服务链条、增加互动交流、美化店面环境、提供人性化服务等方面着手，提升服务质量。三是加强精准化服务。

利用大数据分析工具挖掘客户特征,针对客户需求,定制汽车后市场服务组合,实现精准化营销。根据客户的需求和喜好开展互动式沟通,提高客户参与度和体验效果;利用互联网实现市场推广、终端集客和订单管理,大幅度提高营销效率,达到精准服务。

(六)强化专业人才培养

服务人员素质的提升是汽车后市场发展的核心竞争力和可持续发展的动力,现代化的汽车后市场服务需要强大的专业技术人力资源支撑,应通过各种方式,促进专业人才服务水平提升。一是强化在职员工的职业培训,畅通从业人员继续教育通道,建立长期和短期培训相结合、理论和实际相结合的职业培训机制。二是深化校企合作,充分发挥职业培训机构优势,为汽车后市场服务企业定制专业人才,并为企业人员提供技能鉴定、资格培训等服务。三是建立汽车维修、汽车保险、汽车金融、汽车驾培等专业性较高的行业从业人员持证上岗制度,加强汽车保险经纪人、汽车保险代理人资格认证制度,提高关键岗位人员持证上岗比例。四是建立完备的人才考核激励体系,提升行业服务人员收入水平,以结果为导向促进专业人才素质提高,推动汽车后市场服务水平提升。

七、促进汽车后市场发展的主要措施

（一）加强发展规划引导

针对汽车后市场行业众多、管理分散的状况,需由市政府指定牵头部门,广泛征求各方意见,制定《重庆汽车后市场中长期发展规划》。在摸清现状的基础上预测未来发展趋势,明确汽车后市场对扩大消费、促进汽车制造业发展的作用。列出汽车后市场的发展重点和主要任务,规划汽车后市场相关产业的空间布局,提出促进汽车后市场发展的相关政策。对于"散、弱、乱"现象比较突出的细分行业,如汽车维修保养、二手车交易、汽车租赁和汽车驾培等,还应支持和依托行业协会制定专项行动计划,分阶段治理,逐步形成规范,引导汽车后市场服务向规模化、专业化、品牌化、连锁化、网络化方向发展。

（二）进一步优化用车环境

汽车保有量和用车频度是汽车后市场发展的基础,改善用车环境有利于扩大汽车后市场。

一是加快道路交通基础设施建设,形成高速公路、国省县道、乡村公路相互衔接、通达顺畅的道路系统,补齐停车场、充电桩等短板,更加方便全域驾车出行,不断扩大汽车消费空间。

二是顺应消费升级的需求,专项规划自驾游线路建设,提升道路等级标准和通达深度,配套建设自驾车房车营地、自驾车服务站、自驾游信息平台等设施,大幅度改善自驾游消费体验,进一步释放汽车消费潜力。

三是针对二手车消费的痛点,协调汽车生产企业、汽车经销商家、零部件生产和流通企业、车辆管理部门、二手车交易市场及管理部门等,搭建公共信息平台,集合与交易标的车辆相关的各类信息,可对车辆销售、使用、损伤、维保等进行溯源,可提供对交易车辆质量的权威鉴定,可确定二手车交易后的维保责任等,切实提高消费者对二手车的信任度,扩大二手车交易规模。

(三)全面加强行业管理

加强汽车后市场管理,加快形成法律规范、行政监管、行业自律相结合的汽车后市场管理体系,促进市场有序发展。针对各细分行业计费规则、责任纠纷处理等特点,组织制定服务流程、技术质量标准、相关制度,在实践中不断修改完善。汽车金融行业加强对汽车金融服务机构信用风险的评估和考核工作,及时更新信用评价数据,降低信用风险。汽车维修行业严格遵照《机动车维修服务规范》开展维修服务,严格执行配件登记管理制度、汽车维修电子健康档案制度等。二手车行业在国家《二手车流通管理办法》修订出台的基础上,拟定实施细则,配套完善行业相关规范,重点从市场主体设立、交易行为规范、加强联动推进等方面着力,促进全市二手车便利交易、扩大消费。共享汽车行业建立共享汽车企业准入、退出和监管制度,明确车辆和驾驶行为的属性,明确企业安全主体责任,推进行业诚信制度建设。汽车驾培行业通过设置驾校培训能力、电子围栏规则、里程规则、照片规则、教学时段要求、教练车规则等监管要求,进一步规范驾培经营者的经营行为和教练员执教行为。

(四)加强质量标准化建设

发挥行业协会作用。发挥各行业协会熟悉行业、贴近企业的优势,加强数据统计、成果鉴定、检验检测等能力建设,制定汽车后市场各行业服务标准,加强汽车后市场服务行业监管和行业自律。密切跟踪行业发展动态,开展专题调查研究,及时反映企业诉求,充分发挥行业协会连接企业与政府的桥梁作用,为政府和行业提供双向服务。汽车维修行业制定包含技术施工标准化、服务流程标准化、管理运营标准化在内的维修服务标准体系。二手车行业可借鉴发达国家经验,探索建立规范化的售后服务标准,为成交的二手车提供一定时间或者一定里程的质量保证;建立科学、完善、权威的二手车评估标准,对每辆待交易的二手车进行评估。

二

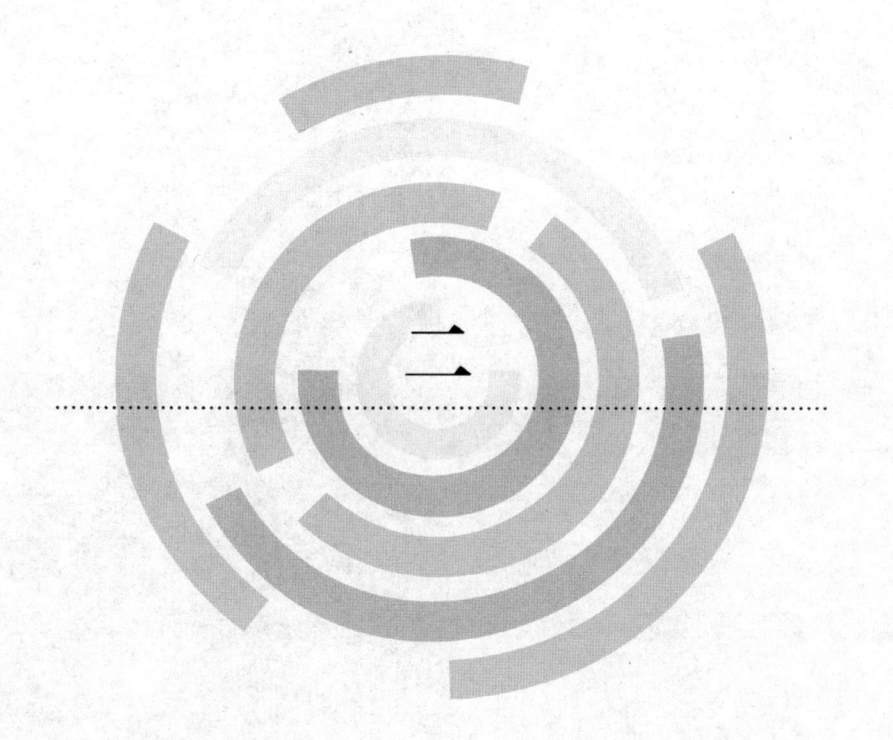

关于重庆未来十五年物流业发展的定位、布局和组织中心建设问题的思考*

（2020年12月）

物流业是重庆发展的比较优势,直辖以来取得了前所未有的业绩。党的十九届五中全会提出了我国在未来十五年基本实现社会主义现代化的远景目标。怎样抓住这样的战略机遇,把重庆物流业推向国际化、智能化、高质量发展的轨道,构建起通道齐备、枢纽强大、功能完善、辐射力强的重庆国际物流体系,是关系重庆未来发展核心竞争力的重要方面,更是建设好成渝地区双城经济圈和推进西部大开发与长江经济带建设的重要内容,有必要认真加以研究。

一、重庆物流业发展的基础条件与现状

（一）基础条件

重庆是中国中、西部地区唯一的直辖市,国家重要中心城

---

* 课题组组长:吴家农;课题组成员:胡红兵、严晓光、杨乇勉。

市、长江上游地区经济中心、国家重要现代制造业基地、西南地区综合交通枢纽和内陆开放高地。重庆发展现代物流业具备良好的支撑和基础条件。

1.庞大的人口基数和增长的消费能力——有人有钱

2019年,全市有常住人口3124.32万人,比上年增加22.53万人。常住人口城镇化率为66.8%,比上年提高1.3个百分点。2016—2019年,重庆市平均每年的流入人口规模约25万。大量人口提供的丰富劳动力资源以及带来的消费,对重庆市经济社会发展形成良好支撑。2019年,全市居民人均可支配收入为2.9万元,增长9.6%,增速超GDP增长速度3.3个百分点。居民收入稳步增长,确保了内需消费扩张的可持续性。当前,随着成渝地区双城经济圈建设上升为国家战略,重庆人口和消费潜力将得到进一步释放。

2.独特的区位条件和巨大的周边市场——有条件有市场

重庆地处中、西部地区的结合部,承东启西,沟通南北,具有独特的区位优势。从人口规模和经济体量来看,重庆周边500千米范围内集聚了另外"1+2个重庆"。"1"是指重庆200千米范围内,达州、广安、南充等城市群人口约3900万人、GDP约1.5万亿元,人口和经济体量相当于一个重庆;"2"是指重庆200～500千米范围内,汉中、广元、巴中等城市群人口约7800万人、GDP约4.3万亿元,相当于两个重庆。从发展水平看,重庆周边大部分地区人均GDP处于4000～6000美元区间内,工业化、城镇化等进入快速发展期,城市消费面临从生存型消费向发展型消费转型升级,进而带动对于大宗物资原材料、工业制品、耐用型消费品和发展型消费品等产品的需求,为重庆物流辐射周边提供了巨大的市场。

3. 强大的产业基础和丰富的货源供给——有产业有货源

重庆制造业发达、门类较为齐全,拥有全国41个工业大类中的39个,形成了电子、汽车、装备、化工、材料、能源和消费品等行业齐头并进的发展格局。目前,重庆每年生产笔记本电脑约6000万台、手机约1.7亿部、汽车约140万辆。此外,重庆市农产品、矿产品资源丰富,是我国重要的农产品商品基地,这也为重庆市物流业提供了丰富的货源供给。

4. 良好的发展环境和高效的体制机制——有环境和体制

近年来,重庆市对标国际先进打造一流营商环境城市,出台营商环境优化提升工作方案及77项政策措施。2021年9月,重庆市又与北京、上海、广州、深圳和杭州共同被确定为第一批营商环境创新试点城市。总体来看,重庆市营商环境持续改善。在物流领域成立了口岸和物流办公室(简称"口岸物流办"),统筹全市口岸和物流发展工作,工作虽难,但只要方向正确,必能成事。在营造通关便利化环境方面,重庆市建立国际贸易"单一窗口",对接全市涉及国际贸易链的22家单位54个系统,实现系统互联互通,物流信息共享和业务协同。

5. 完善的开放口岸和丰富的开放平台——有好的平台

重庆市已形成"战略平台+园区平台+功能平台+活动平台"的开放平台体系。拥有国家级开放新区、中新互联互通项目等开放平台和4个国家开放口岸、9类进口特殊商品指定口岸,口岸数量和功能居内陆省份前列。拥有重庆农村土地交易所、重庆药品交易所等各类金融要素市场15家,市场结算规模突破5万亿元。驻渝外国领事馆数量达到12个,位居中、西部第二位。智博会、西洽会等重大展会的国际影响力不断提升,更多国际会议、赛事等落户重庆,重庆的国际知名度越来越大。

(二)发展现状

经过多年发展,重庆物流产业规模持续壮大,"通道+枢纽+平台"的运行体系加快完善,新业态、新模式不断涌现,物流业转型升级进一步提速,高质量发展特征愈发明显。

1. 总量规模持续增长

2019年,重庆市社会物流总额达2.8万亿元,同比增长6.7%,社会物流总费用3464亿元,同比增长12.1%。社会物流总费用与GDP的比率下降至14.7%,达到全国平均水平,低于四川、湖南、陕西等省份。物流业总收入2785亿元,同比增长12.5%。物流业增加值1164.3亿元,同比增长10.5%。拥有A级物流企业50家,5A级物流企业5家。

2. 出海出境通道加速拓展

基本形成东南西北"四向"连通,铁公水空"四式"联运,人流、物流、资金流、信息流"四流"融合的出海出境大通道体系。这是未来15年物流产业发展与布局的基础条件。向东,依托长江黄金水道和渝甬铁海联运等沿江班列,联通欧美、日韩。创新开行沪渝直达快线,推动传统长江运输品牌焕发新生机。开行渝甬铁海联运班列,缓解三峡过闸拥堵。向南,依托西部陆海新通道联通东南亚、大洋洲甚至印度洋。通道合作机制基本形成。建成运营组织中心和跨区域运营平台公司。发挥中新(重庆)战略性互联互通示范项目优势,不断扩大国际影响力。向西,依托中欧班列(重庆),与欧洲、中亚相联系。获批中欧班列集结中心。中欧班列(重庆)成为全国开行最早、重箱最多、货值最高的中欧班列。向北,通过"渝满俄"班列,联通中蒙俄经济走廊。空中,加快推进内陆国际航空枢纽建设,落地国货航基地公司,基地航空公司达到8家,国际(地区)航线达到101条。

3. 物流枢纽辐射能力持续增强

目前,重庆市正按国家赋予的陆港型、港口型、空港型、生产服务型和商贸服务型五大国家物流枢纽类型布局,加快推进重庆市现代物流枢纽体系建设。近两年已先后获批港口型和陆港型两类国家物流枢纽。物流枢纽成为"一区两群"协调发展战略的重要支撑。中心城区建成国际物流枢纽园区、果园港、江北机场、公路物流基地4大重点物流枢纽,覆盖铁公水空四种运输方式;主城新区珞璜物流园加快提升承载能力;万州、涪陵、长寿、秀山等物流节点辐射范围持续拓展。西部陆海新通道"一主两辅"枢纽加快建设。

4. 物流新业态加快发展

多式联运、电商物流、冷链物流等物流新业态不断丰富发展。2019年,铁水联运、水水中转集装箱吞吐量分别达12万标箱和18.3万标箱,港口多式联运比例位居全国前列。电商快递高速发展,2019年快递业务量达5.53亿件,其中国际及港澳台快递业务量337.58万件。启动城乡三级冷链物流节点建设。

5. 物流政策体系不断完善

口岸物流办成立后,先后出台了《重庆市推进西部陆海新通道建设实施方案》《关于推动物流高质量发展的实施意见》等一系列物流规划及政策,进一步明确了全市物流业发展的方向和重点。针对中欧班列、陆海新通道、多式联运、铁路进港进园区、国际物流、跨境电商等重点领域,出台了要素保障、税收减免、投融资等方面的扶持政策。

二、重庆新时期物流业发展的基本要求与功能定位

重庆物流业要立足于重庆市的"两点"定位,在实现"两个一百年"奋斗目标和"两地""两高"目标中发挥更加重要的支撑作用,推动重庆积极融入新发展格局。为此,重庆物流业发展要坚持三个基本要求,谋求四个功能定位。

(一)三个基本要求

1. 物流要发挥基础性、战略性、先导性作用

在人们最初的认知中,物流业是仅为生产和流通服务的,发挥基础性作用。近几年,人们深刻认识到物流关系着生产、分

配、流通和消费,不仅发挥基础性作用,还发挥战略性和先导性作用。这具体体现为四个方面。一是要支撑现代化经济体系的建设,与新型工业化、信息化、新型城镇化、农业现代化实现融合发展。二是要支撑国内大循环的形成。促进人民生活水平的提高,促进城乡区域发展差距和居民生活水平差距显著缩小。三是要支撑对外开放新格局的构建。形成全球网络,与供应链、产业链有机融合,为企业深度参与国际经济合作、创造竞争新优势提供保障。四是要支撑美丽中国建设目标。低碳绿色成为物流发展的主流趋势和重要特点。

2. 物流要适应新发展格局下的新变化

构建新发展格局是"十四五"规划的最大亮点,是以习近平同志为核心的党中央根据国内外发展大势和我国发展阶段变化作出的重大决策部署,也是新时期我国物流业高质量发展的方向指引。物流业要主动适应新变化,抢抓新机遇,融入新格局。一是"大循环""双循环"将形成新的区域物流平衡,改变我国一直以来以面向沿海为主的相对单向的物流服务组织和运行模式,形成内外双向、规模扩大、内外平衡的物流服务组织新架构。二是现代流通体系和经济发展背景下的循环具有产业链、供应链融合性,物流服务将以"链"为核心开展组织。三是现代流通体系是大循环、双循环的重要基础和重构物流体系的方向,物流供给服务将面临大调整、大变革。

3. 物流要具备"五化"特点

第一,高效化。经济社会迅速发展、科学技术日新月异、信息更新越来越快,物流必须通过高效化来实现与社会发展的同步。第二,网络化。物流的全部活动都是在线路和节点上进行的,线路和节点构成网络,网络不完善会导致物流活动不畅。未来的物流必须要具备完善的国内国际网络,包括干线网络、支线网络、仓储网络、配送网络、信息网络。第三,标准化。物流是复合型产业,缺少统一标准的物流是分散割裂的物流、传统低效的物流。构建统一的物流标准体系,可降低物流成本,提升物流效率,增加物流收益。第四,绿色化。习近平总书记多次强调要坚定不移走生态优先、绿色发展之路,推进绿色低碳循环发展。应大力发展绿色物流,树立绿色发展观念,推行绿色物流经营,开发绿色物流技术,制定绿色物流法规,培育绿色物流人才。第五,智慧化。要不断推动物流从信息化、智能化向智慧化升级,加快布局未来物流。

(二)四个功能定位

根据三个基本要求,重庆物流业发展在新时期要谋求实现"四个功能定位"。

内陆国际物流枢纽和口岸高地:把握新时代西部大开发、"一带一路"建设、长江经济带发展、西部陆海新通道建设契机,加快推进物流大通道布局和综合枢纽建设,推进数据信息共享和标准体系对接,加快国际物流发展,优化口岸布局,完善口岸功能,实现口岸和物流的深度融合互嵌。

国际物流要素组织创新中心:依托长江黄金水道、中欧班列

(重庆)通道、西部陆海新通道和国际航空物流大通道,强化与国际市场的链接和对国内市场的覆盖,提高物流资源要素聚集辐射能力,优化创新物流运营组织模式,实现资源要素的大规模优化配置和大范围高效流转。

国家物流业高质量发展示范高地:稳步推进陆港型、港口型、空港型、生产服务型和商贸服务型国家物流枢纽建设,积极融入国家物流枢纽网络,推动物流与产业深度融合发展,拓展物流设施覆盖范围,提升物流服务质量,培育壮大市场主体,优化营商环境,降低社会物流成本,为构建现代化经济体系提供有力支撑。

现代化国际供应链智慧中枢:加快推进新一代信息技术、智能化设施设备在物流领域的应用,畅通辐射国内外的综合物流大通道,积极融入全球供应链网络,重点围绕特色农业、制造业和商贸业,推进供应链物流组织平台和服务体系建设,提高物流产业运营组织能力,实现以物流带产业、以产业促经济。

三、重庆新时期物流业发展的空间布局

紧扣物流发展战略定位,结合当前重庆产业布局、物流发展趋势和现状、城市发展定位,要从物流通道、市域物流、物流设施、枢纽经济四个维度做好规划布局。

1. 坚持科学的物流业布局导向

一是支撑国家战略实现。服务双循环新发展格局,落实"一带一路"倡议,支撑长江经济带发展、西部陆海新通道建设、新时代西部大开发、成渝地区双城经济圈建设。二是支撑重庆发展定位。落实习近平总书记对重庆提出的"两点"定位、"两地""两高"目标、发挥"三个作用"和营造良好政治生态的重要指示要求。三是支撑重庆现代物流高质量发展。助力建设"内陆国际物流枢纽和口岸高地""国际物流要素组织创新中心""国家物流业高质量发展示范高地""现代化国际供应链智慧中枢",打造资源整合、布局合理、运行高效的物流运行系统和与商贸、制造业融合的联动发展系统。四是与城市和产业布局协调。综合考虑交通运输、土地资源、产业和贸易基础等条件。

2. 建设"6+2+1"对外物流大通道

"6"即主要围绕"一带一路"倡议以及长江经济带、西部陆海新通道等国家战略,构筑重庆对外六大国际物流通道,即亚欧国际物流大通道、沿江综合立体国际物流大通道、西部陆海新通道、中蒙俄国际物流通道、孟中印缅国际物流大通道和中尼印国际物流大通道。"2"即主要利用陆空通道,密切与京津冀、粤港澳地区的物流联系,畅通对接两大区域的物流大通道。"1"即主要依托航空枢纽,畅通全球主要地区航空物流大通道。

3. 构建"一核一环一带两片区"市域物流总体格局

"一核一环一带两片区"市域物流空间格局,与全市"一区两群"城镇空间格局相适应。其中"一核一环"空间范围与"一区"

基本一致，"一核"是目前全市物流发展核心，"一环"既为中心城区提供物流服务，又逐步承接"一核"物流功能转移与疏解。"一带"突出重庆沿江物流发展特点，更好地串接"一区两群"。"两片区"与"两群"空间基本一致，重点通过物流带动两群经济和产业高质量发展。

"一核"即主城都市区的中心城区物流发展核，通过整合港口、铁路和空港、公路枢纽资源，大规模承载面向"一带一路"、长江经济带和西部陆海新通道的国际物流组织、区域物流分拨配送组织和制造业供应链物流组织，建设物流运营组织平台，打造国际化物流和现代物流运营组织中枢。

"一环"即围绕主城都市区的主城新区物流发展环，以承接中心城区产业和物流功能转移为重点，发展以制造物流、商贸物流、冷链物流、港口物流、区域分拨配送物流为核心，打造制造和商贸物流中心，并面向中心城区、渝东北三峡库区城镇群、渝东南武陵山区城镇群以及四川、贵州等周边省份进行商品配送的物流发展环。

"一带"即沿江物流发展带。重点是整合长江经济带沿线港口资源，实现港口物流与后方产业联动，引领重庆临港产业转型发展，形成库区港航物流发展带。

"两片区"即围绕渝东北三峡库区物流发展片区、渝东南武陵山区物流发展片区，形成以制造、商贸流通、农产品冷链物流等为核心的物流组团，并面向中心城区开展工业品和优质农产品的物流配送。渝东北三峡库区物流发展片区：以万州为核心，带动渝东北三峡库区城镇群发展,面向四川、陕西、甘肃、湖北等省进行大宗原材料辐射和多式联运组织。渝东南武陵山区物流发展片区:以黔江、秀山为核心,带动渝东南武陵山区城镇群发展,兼顾面向贵州、湖南等省进行电商快递和商贸物流辐射。

4. 打造"五枢纽多节点"的物流设施群

"五枢纽"即合理布局陆港型、港口型、空港型、生产服务型、商贸服务型五大国家物流枢纽。"多节点"主要结合各区县产业发展和生活物流需求,合理布局物流园区和物流中心。物流园区以综合服务功能为主,依托重要交通枢纽、整合相关物流资源布局,重点服务于全市主要产业集聚区。物流中心结合区县特色产业和具体物流需求布局,强化本地服务功能。形成国家物流枢纽为引领、物流园区为支撑、物流中心为补充的覆盖市域的物流基础设施布局,奠定融入全国、全球物流体系的强大物流设施网络基础。

5. 培育壮大15个物流枢纽经济区

按照物流与产业联动发展要求,围绕全市生产制造业集中区、商贸市场集中区、农产品种养殖集中区,匹配相关物流设施,构建专业化物流系统,实现物流与产业联动融合,打造3种类型15个具有较强区域乃至国际竞争力的物流枢纽经济区。

一是物流与现代农业联动物流枢纽经济区。围绕全市种养殖业基础,通过延伸农产品加工链、拓展交易服务链等,提升农畜产品价值链,精准匹配冷库等物流基础设施,提供农产品冷链物流服务,形成若干具有重庆特色的物流与现代农业联动的物流枢纽经济区。重点打造丰都冷链物流枢纽经济区、荣昌生猪流通枢纽经济区、秀山农产品电商等三个物流枢纽经济区。

二是物流与现代制造联动物流枢纽经济区。围绕全市制造业集聚区,以打造物流供应链公共服务平台为载体,整合区域制造业物流资源,开展从原材料、零部件供应到产业分拨配送的全过程物流服务,延伸采购、交易结算、供应链金融、分销组织等服务链,打造若干制造业物流枢纽经济区。重点打造长寿钢铁物流枢纽经济区、涪陵化工供应链枢纽经济区、沙坪坝西永高端制造物流枢纽经济区、高新区高科技物流枢纽经济区、两江新区先进制造物流枢纽经济区、合川装备制造物流枢纽经济区、江津生产制造物流枢纽经济区、綦江—万盛材料产业物流枢纽经济区和万州装备制造物流枢纽经济区等九个物流枢纽经济区。

三是物流与现代商贸融合物流枢纽经济区。利用重庆良好的商贸物流基础和区域辐射能力,依托区域批发型交易市场,大规模进口国际商品,拓展线上线下结合的交易模式,延伸结算、区域分拨配送等功能,提升商贸市场辐射能级,打造商贸物流枢纽经济区。重点打造江津农产品商贸物流枢纽经济区、巴南商贸物流枢纽经济区、渝北空港跨境电商物流枢纽经济区等三个枢纽经济区。

四、重庆新时期物流产业组织中心的建设

良好的物流空间布局必须由相应的物流产业组织中心来整合,形成物流集聚能力、辐射能力以及竞争力。新时期重庆物流

业发展要更加重视组织中心建设。具体而言,就是要努力打造具有特色的五个物流组织中心,从整体上提升重庆物流业的集散能力和竞争力。

1. 打造西部陆海新通道物流和运营组织中心

发挥统筹协调作用,积极服务通道沿线省区,推动跨区域重大项目实施。发挥创新引领作用,建立通道创新项目库,推动更多创新项目孵化落地。发挥资源整合作用,协商更多省区和大型集团加入,孵化更多专业公司。发挥物流组织作用,加密铁海、公路、铁路三种运输班列,建立集装箱共享调拨体系,优化集装箱组织。发挥应急保障作用,建立应急物流体系,提高对突发公共事件的应对能力。发挥标准统筹作用,推动在多式联运、冷链物流、应急物流、国际贸易、供应链服务等方面的规则创新。

2. 打造长江上游航运中心

优化内河航运组织,扩大沪渝直达快线开行,加强信息沟通与组织协调,建设智慧长江船舶调度系统,实时准确掌握长江过坝能力、时效等相关信息,引导港口、航运企业合理开展航运组织,协调保障集装箱班轮通行优先。优化港口资源配置,推动港口资源整合,强化枢纽型港口集群统筹经营和航运物流要素适度集中,逐步实现全市港口码头布局、建设、运营、管理、服务协同一体化。优化供应链服务,密切航运服务与库区重化工业和临港产业布局关系,统筹公共码头与货主码头,打造功能强大的库区航运物流服务供应链。优化航运市场建设,升级重庆航运交易平台,助力形成长江上游航运统一市场。

3. 打造全国中欧班列集结中心

持续优化中欧班列运营组织，动态调整开行线路，促进线路资源集约利用，推动中欧班列（重庆）供应链服务企业转型，做大"运贸一体化"，加强与跨境电商企业合作。建设中欧班列集结中心，推动在运输组织、货源组织、金融和信息服务等方面创新突破，大力发展中转集结，加快形成"干支结合、枢纽集散"的班列组织方式，促进班列开行由"点对点"向"枢纽对枢纽"转变。推动与区域经济融合，发展"班列+口岸"模式，推动保税仓储、多式联运等融合发展，带动口岸经济发展；发展"班列+园区"模式，推动中欧班列同园区运营方合作，构建中欧班列融入本地贸易、投资等的发展新模式；发展"班列+金融"模式，推动班列运输与国际贸易结算一体化发展，推动金融服务和产品创新。提升信息化智能化水平，推进智慧便利大通关，提高监管信息化、智能化、规范化水平，探索建设中欧班列信息平台，打造丝路数字班列。

4. 打造国际客货运航空运营中心

搭建航空物流平台，依托重庆空港型国家物流枢纽建设，打造航空货运组织平台，整合机场航线资源，创建统一品牌，提高重庆航空物流组织化水平。完善航空枢纽功能，引进专业航空物流企业，培育壮大全货机航空运输市场；加快快递、电商、跨境电商、冷链等航空物流需求资源聚集，发展专业化航空物流服务，加强供需匹配；强化航空干支中转组织，发展"卡车航班"，打造覆盖西部的航空物流集散分拨中心；布局第二机场航空货运功能,发展基地航空公司,提升重庆航空枢纽地位。推动临空经济融合发展,引导高端制造、生物产业、医疗产业等航空需求型产业集聚,形成航空物流供需互促发展格局,推动航空物流服务深度嵌入临空产业供应链,创建特色服务,打造航空物流与临空经济融合发展新范式。

5.打造跨区域物流交易中心

实施通道运营主体培育工程。做优陆海新通道运营有限发公司,加强与重庆公运东盟国际物流有限公司、渝新欧公司等企业的信息、业务、资产整合,统筹开展通道运输组织。继续发挥渝新欧公司作为亚欧国际通道运营主体的作用。以港口型国家物流枢纽为运营主体,联动重庆航运交易所,打造航运运营组织中心。以空港型国家物流枢纽运营主体为主,联合主要航空货运企业,建设航空物流枢纽运营平台。实施跨区管理协同工程。依托各类协作平台与合作机制,强化省区、市区间在交通行业资质、装备、人员等行业管理以及物流设施、运行、管理标准方面的协同,推进通关一体化,落实起运港退税政策。实施物流资源流转交易平台建设工程。建设通道物流要素交易平台,先期在长江通道、西部陆海新通道等通道推进,对接和引进物流装备资产租赁等企业资源,开展挂车等运输工具,集装箱、托盘等标准化器具设备的租赁交易服务,逐步拓展资源交易领域、服务范围,构建重庆综合性物流资源交易体系。

以工业互联网和智能制造牵引推动重庆制造业高质量发展[*]

(2020年12月)

世界经济正处于新旧动能转换的关键时期,新一轮科技革命和产业变革蓬勃推进,创新驱动的战略性新兴产业成为培育发展新动能、获取未来竞争新优势的关键。互联网、大数据、人工智能等新一代信息技术作为本轮科技革命和产业变革的核心力量,在整个战略性新兴产业发展中起着"头雁效应"。工业互联网和智能制造作为新一代网络信息技术与制造业深度融合的产物,是实现产业数字化、网络化、智能化发展的重要基础设施和关键支撑,是第四次工业革命的重要基石,成为各国数字化转型竞争的制高点,将重塑和赋能整个制造业创新发展。重庆为世界级电子信息产业基地、国家重要工业基地和国家中心城市,通过推动新一代信息技术渗透重庆现代制造业,以工业互联网和智能制造为主导方向,重庆现代制造业在"十四五"时期将迎来新的重大战略机遇。

---

[*] 课题组组长:吴家农;课题组成员:杨正华、马明媛、杨威威。

一、工业互联网和智能制造的内涵

工业互联网的概念起源于西方发达国家,2012年,美国GE公司(美国通用电气)率先提出了"工业互联网"的概念。工业互联网包括网络、平台、安全三大体系。网络是工业互联网的基础,平台是工业互联网的核心,安全是网络与平台的保障。工业互联网与消费互联网有什么区别呢?简单来讲,消费互联网实现人与人之间的连接,而工业互联网是实现人、机、物的连接;如果说消费互联网是互联网的"前半身",那么工业互联网则是互联网的"后半身"。

智能制造源于人工智能的研究。日本于1989年提出了智能制造系统概念,该概念后来在世界范围内兴起。智能制造是一种新型生产方式,它基于新一代信息通信技术与先进制造技术的深度融合,贯穿于设计、生产、管理、服务等制造活动的各个环节,具有自感知、自学习、自决策、自执行、自适应等功能。通俗地讲,智能制造就是一个"人智变机智"的过程,即把人类的智慧通过机器自动化展现出来。

二、新一代信息技术产业的积淀是重庆市推动工业互联网和智能制造高质量发展的基础

"十二五"以来,重庆市将电子信息产业作为调整产业结构的战略突破口,通过努力,目前世界级电子信息产业基地已初具

规模,实现了全球每3台笔记本电脑、每10部手机就有1台"重庆造"。依托电子终端产品基础,积极引育集成电路、新型显示等上下游企业,力求构建起"芯屏器核网"全产业链,加快推动由电子信息产业向新一代信息技术产业转型升级。新一代信息技术产业发展的历史积淀成为重庆市推动工业互联网和智能制造实现高质量发展的现实基础。

1. 集成电路

目前已集聚上下游企业40余家,产值规模约200亿元,2019年集成电路产量33.7亿块;在设计环节,西南集成、中科芯亿达等本地企业在射频、驱动、功率等模拟及数模混合芯片设计方向具备一定实力,成功引进锐迪科、弗瑞思科等发展通信、数据传输等芯片设计业务;在晶圆环节,现有中电科声光电两条6英寸军民融合芯片生产线、华润微电子8英寸功率及模拟芯片生产线、万国半导体8英寸和12英寸电源管理芯片生产线、联合微电子中心8英寸硅光集成/异质异构系统中试线,在2020年内启动华润微电子12英寸电源管理芯片生产线和联合微电子中心12英寸硅光集成/异质异构系统中试线建设;在封测环节,SK海力士、长芯、嘉凌新科技、平伟实业在重庆市建有存储芯片、功率器件封装测试线;在原材料环节,奥特斯在封装载板领域名列国内前茅。

2. 新型显示

目前已集聚京东方、惠科等面板企业,中光电、联创等触控企业和康宁、鑫景等基板企业,2019年液晶面板产量2.18亿片。京东方第8.5代TFT-LCD液晶面板生产基地、惠科金渝第8.6代

TFT-LCD液晶面板生产基地项目已投产,在建京东方第6代**AMOLED**(柔性)显示面板生产基地项目,康佳半导体光电产业园项目已签约落户。

3. 智能终端

目前已集聚广达、英业达、vivo、OPPO等计算机和手机整机企业54家,2019年生产笔记本电脑6422万台、手机1.7亿台(智能机约1亿台)、苹果手表1275.6万只、苹果平板电脑727.6万台。

4. 核心器件

目前已集聚恩智浦、海康威视、中国四联、盟讯电子、川仪自动化等一批重点企业。紫光芯云"智能安防+AI"、海康威视重庆科技园(二期)等项目顺利建设,川仪自动化、盟讯电子等本土企业分散控制系统、现场总线控制系统和可编程控制系统等智能化产品加紧开发。汽车电子、智能传感等核心器件发展水平进一步提升。

5. 工业互联网及软件信息服务

在工业互联网领域,国家工业互联网标识解析顶级节点(重庆)已启动运行并连接贵阳等地的二级节点,宗申集团、航天云网等行业级二级节点正加快建设;工业和信息化部评选的十大跨行业跨领域工业互联网平台有7家落户重庆并设立西部总部,华为、阿里、紫光、用友、金蝶、航天云网、树根互联、海尔等国内外具有影响力的知名平台企业相继布局重庆。重庆正逐渐成为工业互联网平台集聚数量多、龙头企业多、总部基地多、国家支持强的西部地区工业互联网平台集聚高地。在软件及信息服务领域:已集聚中冶赛迪、中兴软件、中联信息、中科云丛、猪八戒网、金算盘、维普资讯、南华中天、航天信息、中科创达、长安软件等一批知名软件企业。2019年全市实现软件业务收入1705亿元,同比增长16.06%。

三、"十三五"重庆推进工业互联网和智能制造发展的基本做法

近年来,重庆以习近平新时代中国特色社会主义思想为指引,围绕建设"智造重镇"和"智慧名城"战略目标,以新一代信息技术与制造业深度融合发展为主线,以深化制造业供给侧结构性改革为动力,以智能制造为主攻方向,以工业互联网平台为支撑,全力探索好"数字时代下,制造什么,怎么制造"这一重大课题,推动重庆制造迈入高质量发展新轨道。主要有以下七大方面的做法:

1. 强化顶层设计

重庆市研究出台了《重庆市以大数据智能化为引领的创新驱动发展战略行动计划(2018—2020年)》《重庆市发展智能制造实施方案(2019—2022年)》《重庆市深化"互联网+先进制造业"发展工业互联网实施方案》《加快发展工业互联网平台企业赋能制造业转型升级的指导意见》等系列政策措施,明确了推进工业互联网和智能制造的"任务书"、"时间表"和"路线图",并提出集中力量建设"智造重镇"和"智慧名城"。

2. 推进智能化改造

一是深入企业开展诊断评估。通过公开招投标政府购买服务的方式，组织专家对制造业重点企业免费开展智能制造诊断评估，切实解决企业面临的"智能制造是什么、怎么做、效果怎么样"等问题，目前已实施300家。二是推广数字化装备普及。重点是针对汽车、电子、消费品等行业开展数字化装备普及工程，推动企业应用智能搬运机器人等仓储、物流设备提升自动化水平。三是推动信息管理系统集成应用。重点推动离散型制造企业和流程性制造企业开展信息管理系统集成应用。建设认定一批数字化车间和智能工厂。四是实施示范引领。加快"5G+智能制造"示范引领，推动创建10个创新示范智能工厂。近年来，重庆累计实施了2265个智能化改造项目，认定67个智能工厂和359个数字化车间。试点示范企业产品不良率平均降低44.7%，运营成本平均降低26.9%，单位生产能耗平均降低20.5%，生产效率平均提升70.2%。

3. 筑牢产业根基

一是智能产业培育壮大。大力推动新兴产业发展，积极打造"芯屏器核网"智能产业全产业链集群。建成全球重要的笔电产业基地和全国重要的手机制造基地，实现了全球每3台笔记本电脑、每10部手机就有1台"重庆造"。工业软件加速创新，长安汽车全球软件中心、华为鲲鹏计算产业生态重庆中心等项目落户。二是智能装备加快发展。先后引进广数机器人、川崎机器人等机器人和埃马克机床等中高档数控机床在渝落户，并打造了众多高端数控机床顶级制造商在内的"中德产业园"。三是智能产品加速创新。智能家居、智能安防、智能医疗、智能网联汽车等新型智能产品研发加速,小康工业正与阿里、百度、华为等企业加强合作,长安与重庆邮电大学合作研发了无人驾驶汽车并试行。

4. 完善网络基础设施

一是加快5G网络建设。成为国家首批5G规模组网建设及应用示范城市,累计建成5G基站4.7万个,占全国的6.7%。二是加快工业互联网标识解析体系建设。工业互联网标识解析国家顶级节点(重庆)启动运行,标识注册量8793万,累计解析量近6221万次。加快建设医疗器械、汽车、冶金等11个二级节点。三是提速数据应用服务。集聚了腾讯、电信、移动、联通、浪潮等10个大数据中心,建立了腾讯云、华为云、浪潮云等20个大型云平台,形成了1.9万架机柜、25万台服务器的数据存储能力。四是加强企业内网建设。引导重点企业加快内网改造升级,打造10个"5G+工业互联网"典型应用场景。

5. 加速工业互联网平台建设

一是积极实施十大平台培育工程。结合重庆产业实际,按照"一平台一方案"思路,培育了宗申忽米网、阿里飞象等10大示范平台。健全市区联动支持、激励平台发展的培育机制,积极打造工业互联网赋能高地。二是支持大企业建平台用平台。引导支持重点企业带动产业链上下游协同发展,以建平台用平台为抓手,加快发展数字化、网络化、智能化的新模式。目前我们累计建设393个数字化运营、网络化协同、个性化定制、服务化转型（远程运维、产品服务）等试点示范项目。三是积极引入优势平台资源。先后引入吉利工业互联网全国总部、树根互联"一带一路"工业互联网总部等一批总部项目相继落地，十大"双跨"工业互联网平台有8家落户重庆。四是推动中小企业"上云上平台"。累计助推5.5万余家企业"上云上平台"。

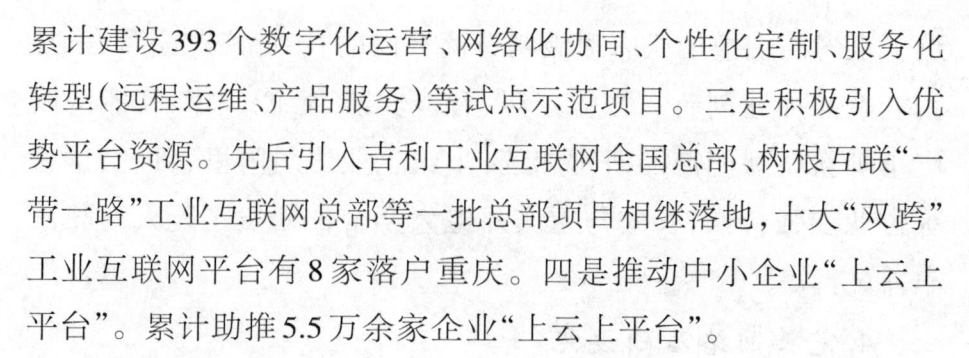

6. 强化安全保障

一是健全管理机制。研究起草了《重庆市工业信息安全管理办法》《重庆市工业信息安全事件应急预案》。目前，正在加快推动办法和预案的出台。二是健全管理体系。搭建了工业互联网安全态势感知平台，建立起国家—市—企业"三级联动"的工业互联网安全监测体系。三是增强供给能力。加快建设工业信息安全实验室，先后引入奇安信、360等网络安全领域知名企业落户重庆。

7. 丰富生态资源

一是搭建交流平台，成功举办三届智博会，积极开展工业互联网、智能制造等领域高端论坛活动。二是加强推广宣传，成立工业互联网产业联盟重庆分联盟、智能制造系统解决方案供应商联盟重庆分盟等行业组织，开展系列巡回分享活动，覆盖了16个区县、700余家企业、2000多位企业管理人员。三是强化资源支撑，建立重庆市智能制造和工业互联网服务商资源池，提供197家企业，涵盖912项服务或产品。四是强化区域协同，积极落实"成渝经济圈"发展战略，加快推进成渝地区工业互联网一体化发展示范区建设。

四、当前工业互联网和智能制造发展面临的主要问题

需要清醒地看到的是,与沿海发达城市相比,重庆还存在较大的差距。

1. 发展基础仍然较为薄弱

重庆发展基础薄弱主要表现为行业间发展不够均衡,发展水平不够高。以电子信息制造业为例,其得益于近年来笔记本电脑产业平稳增长、手机产业跨越式发展,目前重庆市电子终端产值规模占全市电子信息产业的比重达70.7%,成为拉动全市新一代信息技术产业发展的核心力量,其余集成电路、核心器件等产业规模占比较低。

2. 生态竞争力不强

生态竞争力不强主要表现为智能装备供给水平较低、工业软件服务能力不足、平台赋能基础有待提升等。整体看,高端研发机构数量不足,在人工智能、大数据等基础领域从"0"到"1"原创性成果不多。智能终端产业从规模上实现了快速增长,但创新能力相较沿海地区明显薄弱。笔电代工企业的研发中心多集中在台湾;手机企业的研发中心多集中在深圳、上海等地区;行业内研发类企业较少,公共服务平台力量有待加强。从具体产业看,如集成电路制造业,功率半导体芯片虽已初步形成竞争优势,但后端MOSFET(金氧半场效晶体管)、IGBT(绝缘栅双极型晶体管)等器件发展不足,大尺寸窄线宽通用芯片尚处空白,

车规芯片、车载雷达等核心汽车电子产品处于空白。

3. 人才供给较为短缺

人才供给较为短缺主要表现为高校智能技术研发人才供给能力偏弱、企业高层次复合型人才较为缺乏、区域人才吸引能力不够强等。

4. 体制机制不够畅通

体制机制不够畅通主要表现为产业链协同建设机制不够健全、科技成果转化激励机制不够完善等。

五、重庆"十四五"工业互联网和智能制造的发展构想

2020年10月26日至29日,中共十九届五中全会在北京胜利召开。全会通过了《中共中央关于制定国民经济和社会发展第十四个五年规划和二〇三五年远景目标的建议》(简称《建议》),《建议》指出,新冠肺炎疫情影响广泛深远,国际环境日趋复杂。《建议》提出,要构建以国内大循环为主体、国内国际双循环相互促进的新发展格局,要推动区域协调发展,推动西部大开发形成新格局。《建议》提出,"十四五"时期经济社会发展要以推动高质量发展为主题。这是根据我国发展阶段、发展环境、发展条件变化作出的科学判断。

当前,我们正处在"两个一百年"奋斗目标的历史交汇点上。"十四五"期间工业互联网和智能制造如何发展?我们认为,要

牢牢把握"提升产业链供应链整体水平、赋能企业转型升级、突破卡脖子技术"这三个关键，主要从以下八个方面进行谋划：

1. 完善网络基础设施建设

一是加快工业网络基础设施建设，推动工业互联网外网建设，加快工业企业内网改造力度，持续推进工业互联网标识解析体系建设，高质量建设一批标识解析二级节点。二是加快5G整体推进，高水平建设5G网络，加快打造5G产业生态，深入推进5G融合应用，打造"5G+工业互联网"典型应用场景。三是加大关键核心技术创新突破力度，集中优势，支持云计算、物联网、工业互联网、大数据等技术创新研发和综合应用，加大力度攻克智能传感与控制装备等关键技术。

2. 加大平台培育力度

一是积极培育工业互联网平台，加快实施工业互联网平台培育工程，努力构建龙头平台引领、细分和专业平台跟进的发展格局。二是推动企业"上云上平台"，支持大型企业以自建、租赁的方式"上云上平台"，鼓励中小微企业以购买服务方式"上云上平台"。三是强化工业大数据管理应用，加快突破工业大数据的技术和机制瓶颈，探索工业大数据的深度应用。

3. 提升产业整体规模

一是坚持引进增量和升级存量相结合，瞄准产业链关键环节和突出短板，实施新型智能产品制造业集群培育行动，推动制造业强链补链固链，做优做强"芯屏器核网"、智能装备等智能化产品，加强软件与信息服务业的持续支撑能力。二是抢抓新基建发展机遇,大力发展产业新方向,建链培育5G、新型智能终端、高性能计算等产业链条,支持汽车整车生产企业加速智能网联汽车研发、测试、生产。大力发展工业级智能硬件、无人机、智能安防等智能产品。三是加快传统企业服务化转型,引导制造企业通过创新优化生产组织形式、运营管理方式和商业发展模式,不断增加服务要素在投入和产出中的比重,向"制造+服务""产品+服务"转型,有效延伸和提升价值链,提高全要素生产率、产品附加值和市场占有率。

4. 加强智能制造标杆引领

一是打造示范标杆。聚焦汽车、电子等优势产业,支持引导企业应用物联网、人工智能、AR(增强现实)、VR(虚拟现实)等新一代信息技术,在业务流程、管理系统、人员系统、数据系统等方面实现创新,力争打造1~2家"灯塔工厂"。二是继续做好数字化车间和智能工厂认定。研究细化认定标准,以适应在新信息技术环境下的企业建设评价,深入开展遴选工作,健全优化认定企业跟踪服务机制。三是加强典型案例推广。围绕汽车、电子、装备、医药等重点行业,遴选智能化改造成效明显等方面的典型案例,并加以复制推广。

5. 鼓励发展新模式新业态

一是加快推进个性化定制模式,鼓励消费品、汽车、电子等重点行业积极建立适应个性化需求快速响应的研发生产体系,实现模块化组合、大规模混线的柔性生产。二是加快推进网络化协同模式,支持汽摩、电子、材料、化医、装备等行业建立网络化协同运营模式,支持龙头企业建立基于平台广泛连接,发展协同设计、众包众创、共享制造等新模式。三是加快推进智能化制造模式,在化工医疗、材料等流程型特征突出的行业,重点加强智能一体化生产模式构建,推进物联感知技术、新型网络技术应用,建立覆盖生产全要素的信息系统管理平台。四是加快推进服务化延伸模式,重点推动装备、汽车制造行业企业构建面向产品服务的云平台,为下游客户产品提供运行大数据服务,提高产品附加值并为产品全生命周期管理建立技术基础。五是加快推进数字化管理模式,支持工业制造领域全行业企业构建数据驱动、敏捷高效的经营管理体系。鼓励大型企业构建数据驱动的高效运营管理新模式,支持建立适应产业链持续发展的工业互联网平台、标识解析服务二级节点或企业节点。

6.加强支撑能力建设

一是优化生态体系建设,集聚一批工业互联网和智能制造服务商资源,增强本地供给能力建设。二是促进产学研用技术创新,探索产学研协同融合创新机制,建立企业为主体、高校和科研院所协同的技术创新体系。三是实施高端人才培养工程,支持产教融合工程、校企合作项目建设,优化落实重庆市现有引才引智优惠政策,加大高端人才引进力度。四是积极开展对外合作,紧跟国家重大战略,强化国内外优质资源合作交流,聚焦国内国外两个市场资源,加大优质企业引进力度。

7.提升信息安全保障能力

一是持续健全工业信息安全机制建设。出台并不断完善相关办法及应急预案,加强应急处置专业队伍建设。进一步明确和落实企业网络安全主体责任,加快构建工业互联网安全保障体系。二是持续完善提升工业互联网安全态势感知平台建设。通过平台对联网工业设备进行实时监测,及时推送预警信息。三是实施工业互联网企业网络安全分类分级。按照工信部部署,对工业互联网企业实施分类分级管理,推动工业互联网安全责任落实。四是支持企业安全防护能力提升。支持企业加大网络安全建设投入,鼓励工业企业购置应用国产工控设备,提升工业互联网安全保障能力和水平。

8. 推进区域协同发展

一是积极融入成渝地区双城经济圈发展,加快建设成渝地区工业互联网一体化发展示范区,加强在标识解析、平台、安全、产业支撑、融合应用、生态建设等方面的协同合作。二是深化东西部扶贫协作,推进"鲁渝扶贫协作·工业互联网矩阵"落地开展,聚焦海尔卡奥斯、浪潮云洲、忽米网、公鱼互联等工业互联网平台,吸纳两省市行业上下游创新应用和数据服务等内容,提供多样式工业互联网产品与服务。三是持续推进跨区域、跨国家的合作,支持国外上游关键装备企业在重庆投资建厂,鼓励本地企业、科研机构与国外先进企业、研究单位积极开展多种形式的国际合作培育。

抓住"十四五"黄金机遇期 大力发展重庆文化旅游业*

— （2020年12月）—

"十四五"时期，文化旅游产业处于蓬勃发展的机遇期，全域文旅、融合共生、主客共享成为新常态，文化旅游的理念贯穿于生态文明、乡村振兴、数字经济、智慧城市等经济社会各层面，产业综合效益将进一步提升。大力培育重庆文化旅游的成长型发展领域，对重庆市培育新的经济增长点，积极融入双循环新发展格局具有重要推动作用。

一、新时期文旅产业发展的趋势特征

（一）文旅融合从方式、内容、效果上会有更多、更深、更好的进展

文旅融合正向着"宜融则融，能融尽融，以文促旅，以旅彰文"的方向发展，文化资源保护开发更加有力，旅游目的地的文化内涵日益彰显，演艺、节会、文创、传统工艺、休闲娱乐等有效

---

* 课题组组长：童小平；课题组成员：朱茂、严晓光、高扬。

接轨旅游市场,形成日益延展的产业链和日益密切的产业集群。

(二)现代科技对文旅产业的影响将会更加深入与明显,数字文化产业发展将更加活跃

以5G、大数据、物联网、区块链、虚拟现实、人工智能等为代表的新科技正在推动文旅产业生产、传播、消费方式的深刻变革。电竞、直播、高清影音、沉浸体验等数字文化产业风起云涌,虚拟景区、云展览、云演艺等新业态、新模式加速发展,产业升级、动能转换正当其时。

(三)新兴文旅产业发展将会在泛滥与阵痛之后开始规范与稳定,以产业方式传播的中华优秀传统文化与社会主义核心价值观将成为主流

近年来,新兴文旅产业在蓬勃发展的同时也伴随着过多的粗制滥造、哗众取宠、"三俗"充斥等现象,甚至出现道德失范、行为失准的文化丑态。随着引导和监管力度的进一步加大,"守正创新"将成为绝对主流。更多的社会主体培育和塑造了一批具有深厚中国文化底蕴和鲜明地方文化特色的文旅产品,引领大众,特别是引领青少年的文化消费,增强消费者的民族自豪感和文化自信心。

(四)人民群众日益增长的精神文化需求将引领新时代的消费升级,文旅消费将会成为人们追求幸福生活的刚需

进入新时代,人民群众的精神文化需求逐渐呈现出多层次、多样化、品质化、个性化的特征,并不断向更广阔的时间和空间延展。从线上到线下,从白天到夜间,从城市到乡村,文化旅游消费持续火爆,极大地满足了人们对美与自由的追求、对诗与远方的向往。

(五)新冠肺炎疫情对文旅消费方式及消费市场的深刻影响,一定会演变为新的挑战和新的机遇

突如其来的疫情改变了人们的消费习惯,部分临时替代性消费方式开始转变为常态需求,带给文旅产业发展的新机遇。文旅行业正当"自我进化",摆脱千地一面、走马观花的初级文旅产品,转而瞄准"品质为王""私人定制""深度体验"等新目标。以出境游为主要目标的消费人群,纷纷在国内寻找旅行替代品,这正是一次国内游站上"C位",抢抓客源的好时机。

二、"十四五"重庆文化旅游产业发展重点

"十三五"以来,重庆市文化和旅游领域围绕"文化强市"和"国际知名文化旅游目的地"的发展目标,以供给侧结构性调整为引领,不断推动全市文化和旅游产业高质量发展。"十三五"时期,重庆文化产业年均增速超过15%,高于同期GDP增速。2019年,重庆市文化产业实现增加值约957亿元,占GDP比重达到4.1%,位列全国第十三,西部第二。2019年,全市接待境内外游客6.57亿人次,实现旅游总收入5739.07亿元,2015—2019年年

均分别增长约15%和25%；接待入境游客411.34万人次，实现旅游外汇收入25.25亿美元，2015—2019年年均分别增长约10%和15%。文化和旅游部门完成行政机构合并，融合发展的体制机制逐步理顺，为文化、旅游"宜融则融、能融尽融"创造了条件。

"十四五"时期，重庆将在持续做强图书发行、艺术品、工艺美术、数字出版、红色旅游、都市旅游、三峡旅游等传统板块的基础上，把握住当前趋势和后发优势，改革创新、超前谋划、精准施策，以时尚文化产业和新型旅游产业为引领，重点发展具有较高成长性的新兴产业，着力打好"山城、三峡、温泉、乡村、人文"五张牌，把文化、旅游产业发展成为全市经济支柱产业，把重庆建设成为文化艺术繁荣、城市魅力独特、产品业态丰富、品牌形象显著、服务功能完善、环境安全友好、主客共享、近悦远来的文化强市和国际知名旅游目的地，力争到2025年，文化产业增加值、旅游产业增加值年均增长均超过10%，占GDP比重均达到5%。

（一）时尚文化产业重点发展方向

发展时尚文化产业，是实现文化与相关产业融合发展，推动各领域高质量发展，促进文化融入百姓生活，实现高品质生活的重要途径。"十四五"时期，重庆时尚文化产业可重点培育特色演艺、时尚舞蹈、时尚文创消费品、创意设计、数字影音、时尚服饰、时尚美食、电竞游戏、文旅装备等九大方向。

1. 特色演艺

围绕长嘉汇大景区，依托地标性演艺场馆、院团驻地、民间小剧场、演艺空间、艺培机构等构建中央演艺集聚区。盘活区县剧场资源,推动"重庆演出院线"全市覆盖。培育旅游演艺市场,围绕都市旅游、康养旅游以及大型景区、民族文化村镇开发打造不同规模的旅游演艺。

2. 时尚舞蹈

规划建设舞蹈产业园区,布局舞蹈培训、创排、演出、赛事、经纪、交流以及服化道和周边用品等业态。针对年轻时尚人群打造全国街舞联盟总部基地,举办全国性街舞赛事,营造氛围、打造"舞动山城"品牌。以街舞为带动,配套发展街头艺术、动漫游戏、国潮文创、独立音乐、街头运动等青年时尚相关产业,依托相关赛事、节会活跃旅游经济,打造青年时尚文化盛会和全国知名的青年时尚文化集聚地。

3. 时尚文创消费品

深入开展文化资源普查和数字化存储,策划建设公开的文化资源云平台,分级分类开放数字文化资源;推动三峡博物馆、红岩革命历史博物馆等文博场馆与文旅企业开展深度合作,持续提升产品内涵和市场效益。结合全市消费品工业发展战略,不断推进非遗代表性项目的开发性保护、产业化经营,做大夏布、安陶、漆器、竹帘、版画等一批特色主打产品;做强"重庆好礼"品牌,举办文创集市等活动,推出有重庆特色的文创消费品。

4. 创意设计

突出创意设计与相关产业的深度融合,发展以设计为核心的创新生产,实现工业设计、会展设计、环境设计、建筑设计、广告设计、形象设计、装饰设计、家居设计等领域实现全方位发展。支持举办创意设计赛事、展览和交流活动,用好创意设计网络平台,培养一大批优秀设计人才,全面服务于经济社会发展。

5. 数字影音

大力发展5G新媒体产业,推动超高清视频成为新媒体行业的基础业务,加速进入8K时代。加快虚拟现实、人工智能在文旅领域的产业化进程,培育全景360度、更具身临其境现场感的云旅游、云展览、沉浸式影音等,超前布局智能虚拟直播等新业态,强化直播业态对各行业发展的带动作用。以剧本孵化平台、拍摄"一站式"服务平台、纪录片传播平台等为突破口,带动打造影视制作全产业链,培育影视基地,延伸发展影视制作。以漫画书刊和2D动画片为主打方向,差异化发展,用好出口平台,做强第三世界国家市场,争取实现动漫领域"弯道超车"。规划打造好重庆音乐半岛,培育音乐创作制作、教育培训和版权交易基地,建设音乐用品装备专业市场,衍生发展"音频+"产业集群,打造国际知名音乐演出、艺术旅游目的地。

6. 时尚服饰

以旗袍、汉服、民族服饰为着力点,通过引进、培育龙头文化企业,发展定制化服饰设计产业,推动非遗、地方文化元素、文化IP等在服饰设计中的运用,开办绣房、服饰文化体验馆、设计师工作室,创新发展以服饰为主题的沉浸式情景剧,打造"服饰+演艺"新业态。举办时尚文化周,以服饰文化为载体,倡导中华传统文化生活美学,把传统服饰等培育成时尚,振兴传统工艺产业,把时尚带入千家万户,助推时尚产业发展和时尚城市建设。

7. 时尚美食

深挖非遗食品、地理标志产品、名优特产、老字号餐饮等的文化内涵,从美食生产包装、店面装潢、宣传营销和餐饮服务等方面全方位打造,大力培育"美食+情景剧""美食+歌舞秀""美食+直播"等新业态。做强"美食旅游"品牌,发布美食旅游地图和特色线路;强化影视剧,特别是美食纪录片的品牌推广效应;扶持火锅、榨菜、名酒名茶、果品加工等美食工业旅游,鼓励创办美食博物馆、陈列馆、主题农庄以及以传统美食制作技艺为主题的体验式餐饮。

8. 电竞游戏

发挥全市电竞游戏氛围浓厚、游戏玩家与电竞观众数量众多,以及永久落户重庆的世界电子竞技运动会等电竞基础优势,延伸电竞游戏产业链,积极引进国内头部游戏制作团队、游戏运营平台、电子竞技俱乐部和品牌赛事来渝投资发展,并围绕头部资源进行产业链布局和吸引社会资本投资。同时,推动以电竞为中心的策划、媒体、直播、视频等产业多维度全面发展,活跃IP授权,发展周边衍生产业,构建产业生态。

9. 文旅装备

充分运用重庆作为老工业基地的产业禀赋和科研实力,打造好首个国家文物保护装备产业基地,建设研发、集成、检测、修复、数据存储等公共平台,突破一批共性关键技术。重点在考古、文物预防性保护、文物安全防护、文物展示利用等领域开发一批新装备。争取文化和旅游部支持,瞄准国内空白、短板,规划打造西部乃至全国领先的文旅装备制造产业园,重点引进和发展高端影像摄制、传输、播放设备,工业级、家用、办公印刷设备,舞台搭建、升降、灯光、声像等先进设备以及各类智慧文旅新装备的生产,打破国外企业对上述先进设备的市场垄断。依托各地乐器、玩具生产企业,引导相关区县出台政策,打造产业园区,引领传统产品创新升级,衍生发展新一代智能化乐器、玩具制造产业集群,拓展全新市场空间。推动汽车、轮船、机械制造产业产能转移和结构调整,向房车、游览车、游艇、游轮、娱乐型无人机、大型游乐设备、室内游艺设备制造等方向转型,满足消费升级需求。

(二)新型旅游产业发展重点方向

基于旅游产业发展的新动向、新趋势,"十四五"期间重庆可重点发展康养旅游、亲子研学旅游、品质旅居三大方向。

1. 康养旅游

抓住当前观光游览消费向度假休闲消费转变,康养旅游需求不断上升的良好机遇,大力发展温泉、度假、艺体等康养旅游产业。

温泉康养旅游重点引进、吸收、转化国际先进温泉康养技术,打造"世界温泉谷",坚持举办世界温泉与气候养生旅游国际研讨会,建设国际温泉医疗养生旅游中心、国家级温泉型旅游度假区、国家（温泉）康养旅游示范基地和五星级温泉旅游企业，实现年接待游客3000万人次，温泉旅游综合收入200亿元。

度假康养旅游主要围绕主城"四山"、大巴山、七曜山、武陵山、大娄山等，打造一批高海拔森林避暑目的地、度假区，完善旅游、文化、疗养、餐宿、交通等公共服务设施，争创一批国家级旅游度假区，打造区域特色品牌。

艺体康养旅游主要针对康养度假群体，在度假目的地布局驻场表演、艺术培训、工艺体验、研学探索等业态，举办艺术展览、舞台惠演等活动，鼓励开设老年大学和艺术培训分支机构，以文化艺术疗养身心。

推动旅游与体育融合发展，推动生态型景区健康步道和星级酒店健身设施建设，在有地理生态条件的度假目的地布局攀岩、溪降、漂流、滑雪、定向越野、山地骑行、水上运动、低空飞行等户外运动项目，创建一批体育旅游示范基地。做强武隆国际户外公开赛等赛事品牌，配套举办群众体育赛事，强化赛事的旅游吸引力。

2. 亲子研学旅游

推进开发多元化、系统化、体系化的亲子研学旅游产品，打造以红岩联线系列景区、长征国家公园、抗战遗址、名人故居为阵地的爱国主义教育和红色文化研学旅游产品，以食品、汽摩、机器人等方面的知名企业为依托的工业文化研学旅游产品，以自然博物馆、世界自然遗产、自然保护区、湿地公园、地质公园、森林公园、动植物园为基地的生态自然研学旅游产品，以非遗、传统工艺、文物遗址、民风民俗等为对象的传统文化研学旅游产品,以科技馆、智慧公园和知名科技企业为依托的先进科技研学旅游产品等,形成体系。

3.品质旅居

以民宿产业为支点和突破点,整合所在地文旅资源,引领文旅品质提升。

提升旅游住宿品质。理顺民宿的管理体系,将发展民宿纳入"十四五"文化旅游产业规划,制定扶持政策,充分利用山城特色,在主城区布局"两江四岸"民宿集聚带和南山、中梁山、缙云山民宿集聚区。在广大乡村地区,充分调动社会资本、龙头企业、农村集体组织和原住民的积极性,引导传统民居建筑艺术化、创意化改造利用,善用田园、森林、湿地、溪流等优良生态资源,打造一批富有文化特色和吸引力、空间环境与乡村风貌和谐一致的中高端乡村民宿集群,带动乡村旅游由单一的农家乐、采摘园模式,向融合化、品质化的农耕文化体验园、主题文化农庄、度假村寨聚落、民俗风情大院等方向升级发展。

提升旅游出行品质。引导旅行社进行小团化、自助化、定制化的业务调整;打造对自由出行方式友好的旅游目的地,构建包括旅游汽车租赁、房车营地、沿途观景台、路况信息发布平台等的自驾服务体系。

关注培育重庆通用航空产业的成长*

（2020年6月）

经过多年努力，重庆市通用航空产业发展取得明显进步。目前，重庆市已培育以重庆通用航空产业集团（简称"重庆通航集团"）、隆鑫通用动力、宗申航空发动机、金世利航空材料、三耐科技为代表的通用航空制造和以重庆通用航空、神龙通用航空、飞行学院重庆通航培训、华夏航空（重庆）飞行训练中心为代表的运营服务相关企业200余家，其中有高新技术企业10余家。获批通用航空产业综合示范区以来，全市新注册通用航空相关企业超过100家，占到全市同类企业总量的一半，有力促进了重庆市通用航空产业发展。

一、产业发展基础

目前，全市已基本形成通用航空"整机+核心部件+配套（材料、航电装备、其他零部件）制造+运营+服务+金融"全产业链。

---

* 课题组组长：吴家农；课题组成员：周建池、严晓光、郗冬。

通用航空制造业已发展出"直升机+固定翼+无人机"的多系列、多型号产品。通用航空服务业已发展了通航运输、通航公益、通航新型消费等多种运营服务。低空飞行已构建起以通用机场和飞行服务站为支撑的较为完善的保障体系。

(一)通用航空制造业发展迅速

在整机制造方面。重庆通航集团是国内首家中美 TC/PC 分离下由民航局授权的整机制造企业，拥有零部件制造人批准(PMA)资质。在航空发动机方面。宗申航空发动机公司 C115 系列航空活塞发动机具有自主知识产权，打破了国外垄断，填补了国内空白，公司先后通过了国家军用标准(GJB)9001B 质量管理体系认证、军工单位保密资质审查和武器装备承制资格认证，已具备"民参军"资格。在航空材料方面。2018 年 4 月，西南铝业公司通过商飞公司认证，成为国产大飞机国内唯一铝材供应商。金世利航空钛合金项目一期投产，成功产出我国第一根钛合金整体电极。在无人机方面。重庆国飞通用公司已成功研发变距多旋翼无人机、应急救援无人机系列、高层灭火无人机等多款无人机，已获得专利 50 余项，其中发明专利 11 项，多项产品填补了国内外空白。

(二)通用航空运营服务全面推进

在通航运输服务方面。重庆通航集团旗下企业已取得 CCAR-91 部运行合格证、CCAR-135 部航空运营人运行合格证、已开展应急救援、航空护林、空中巡查、城市消防、直升机托管、直升机维修等运营服务。在通航公益服务方面。积极推动航空应急救援,推动重庆通用航空、神龙通用航空、上海金汇通用航空重庆分公司等驻渝通航企业20余架直升机加入航空应急救援队伍,采用购买服务方式租用直升机开展应急救援,每年飞行总时间约为700小时。在通航新型消费方面。成立专门公司促进通用航空俱乐部、通用航空爱好者协会等社会团体发展,培育通用航空爱好者和消费群体。

(三)低空飞行保障体系加快构建

在飞行服务站方面。龙兴飞行服务站已成为具备飞行计划申报服务功能、实现地方气象数据接引和转发功能的飞行服务站,并于2017年11月开始试运行,实现了对龙兴通用机场空域范围内的飞行计划受理。在地面保障服务网络方面。全市通用机场网络已基本完成搭建,已布局建设两江龙兴、永川大安、万盛江南、潼南4个A1类通用机场和万盛黑山谷1个三类通用机场。在两江新区、北碚区、巴南区、渝中区、开州区等区域设置直升机起降点5个。

(四)产业发展生态持续完善

研发创新平台方面。重庆通航集团牵头实施"高可靠性轻型飞机操纵系统研发及应用""高性能、低成本轻型飞机总体技术研发及应用"等科技创新专项项目20余个,突破了直升机旋翼系统、飞行控制系统和适航等技术瓶颈，进一步提升了轻型直升机、轻型固定翼飞机的整机研发水平。培育引进中国兵器工业第五九研究所、重庆航天机电设计院、西北工业大学重庆科创中心等研发机构和平台。其中，中国兵器工业第五九研究所、重庆航天机电设计院为国家级军工科研院所。人才培训方面。重庆市已发展重庆通航集团、渝翔航空飞行培训公司、华夏航空（重庆）飞行训练中心等一批通航培训机构。重庆通航集团培训机队已建立专业飞行教员和机务维修保障人员队伍，拥有训练机3架，年飞行量2000小时，累计完成学员培训并取得驾照100人。公共服务中心建设方面。建设重庆市军民融合创新服务平台，集聚全国17个省区市的军民融合产业平台、园区基地112个，工程研究中心、重点实验室等协同创新科研机构625家，国内企业、科研机构等单位用户近6000个，科技成果8000余项。金融租赁服务平台方面。加快推动重庆通航融资租赁有限公司开展整机采购、航空专业设备采购等业务，累计投放项目22个、资金近5亿元。

　　虽然重庆通用航空产业的发展取得了一定的成效，但是还存在应用市场未打开、企业融资贷款难、空域管理改革有待加强、通航制造企业面临严重外部冲击等问题。具体表现为：由于整机价格高、营运成本高等原因，导致人均消费成本高，制约了通航运输服务、旅游服务、新型消费等市场化服务发展。龙兴通用机场已具备营运条件，申请开放相关空域发展低空旅游一直未获军方和民航局批准。相比国外发达国家，我国通航制造业起步较晚，多数企业处于发展起步阶段，整机制造、核心部件等研发能力比较薄弱,研发产品尚不具备市场竞争优势,但已面临国外企业的打压,给企业带来严重冲击。

二、下一步发展思路及工作打算

按照市委、市政府有关要求,强化问题导向,坚持壮大产业和研发创新同步推进,将航空航天产业发展纳入重庆市"十四五"规划,重点依托两江航空航天产业园,培育引进和盘活一批重大产业项目,加大政策扶持,推动企业加快研发创新,进一步完善产业创新生态。坚持应用市场和飞行保障"两手抓",以拓展应用市场为主攻方向,加大统筹协调,支持企业应用推广,推动产业做大做强;以建立高效便捷的低空飞行保障体系为支撑,加快飞行服务站和地面保障服务建设,深入推动空域管理改革,助推培育形成强大的应用市场。

(一)着力推进产业集群建设

一是加快推进整机研发制造。持续推进固定翼、直升机等通用航空飞机整机及零部件制造、组装,积极开展新机型研发。积极推动皮拉图斯等重点项目复产。依托亿飞、Rotojet(伟岸)、国飞通用等无人机企业重点开展以植保、物流、安防及遥感测绘为核心的工业级无人机研制与生产。

二是着力提升核心零部件及材料自主研制能力。大力发展航空发动机,全力推进天骄航空发动机项目建设,加快实现技术引进，打造全系列、多型号航空发动机总装集成、验证测试和维修保障体系。积极开展发动机涡轮盘、涡轮轴、风扇和叶片的生产，并逐步向相关生产领域拓展。加快推动一批国内外航空机载企业落户，选择性开展航空机载系统国际合作，努力推进仪表系统、照明系统、电源电气系统、通信导航系统的引进落地，形成产业集聚。加快新型航空材料研发和应用。进一步壮大航空铝材产业，充分把握中铝集团和重庆市政府合作契机，依托共同出资筹建的中铝高端制造集团建设国防军工和国家重大工程关键材料、民用高端铝基新材料的引领者，打造具有全球竞争力的集研发、应用、制造和营销为一体的全球铝基新材料应用解决方案提供商。积极支持中铝萨帕等企业巩固提升铝材胚料、铝型材等的加工水平，加快推进西南铝航空航天铝合金等项目建成投产，建成中国航空航天、国防军工关键配套材料的核心基地，提升航空铝材研发创新水平和加工水平。

三是持续深化军民融合发展。围绕航空材料研制、商业航天发射、卫星星座应用、航空发动机制造、航空关重件研发等领域，以重大项目、重大工程为牵引，加快推进产业集聚、企业集群。依托中国兵器工业第五九研究所、重庆航天机电设计院、宗申航空发动机公司等重点研究院所及企业深入开展军民融合，深化与航天科工、航空工业、中国商飞、中国航空发动机集团等央企合作，进一步抢抓商业航天军民融合战略发展机遇。

四是持续完善运营保障体系建设。深入推进空域管理改革，加强与中央军委、空管委、民航局等国家相关部委的沟通协调，争取支持，推动空域管理进一步放开，更好满足通航运营服务需求。重点依托龙兴通用机场,推动开展短途运输、应急救援、抢险救灾、消防救援等。加快推动永川大安、万盛江南、潼南等机场建成投用,加强地面保障服务能力建设。支持龙兴飞行服务站与永川等通用机场数据联通、同步服务。探索无人机物流、遥感测绘、灾情勘探等专业化应用市场商业模式与应用服务,打造西南地区无人机智能化运营中心。加快推动一批航空运营、通航维修改装等企业落户,打造通用航空西南地区重要运营保障中心。充分发挥重庆"两点"区域优势,探索建立专用航线,高速联通广西、贵州、甘肃等节点,助力西部陆海新通道建设。

(二)完善产业发展生态

一是加强研发平台建设。依托西北工业大学重庆科创中心、上海交通大学重庆研究院、重庆交通大学绿色航空技术研究院等研究机构,结合重庆航空航天产业发展需求,统筹兼顾产业化与科技创新两大任务,以科技成果转化、产业化和创业孵化为主,引进优秀人才、优质资源,全力打造国内有影响力的航空航天科技研发中心。

二是加强产业人才培养。依托重庆大学航空航天学院、重庆航天职业技术学院等院校,加强校企合作,定向开展机场运营与管理、飞机机电设备维修、发动机设计等紧缺人才学历教育,打造航空航天学历教育人才培养基地。依托中国民航飞行学院重庆分院、华夏航空(重庆)飞行训练中心、渝翔航空飞行培训公司等培训机构,联合航空公司开展通用飞机驾驶私照及商照培训、在役飞行员复训和机务维修培训业务,打造国内重要的覆盖全球主流机型的私照及商照培训、在役飞行员复训和机务维修职业教育人才培训基地。

三是加强孵化基地建设。优化两江新区航空产业孵化基地功能布局,重点发展以无人机为特色的制造、服务产业,提高入驻企业服务水平,形成"项目孵化+资本驱动"的培育体系。发挥好孵化基地的综合服务平台作用,出台并落实优惠政策,吸引无人机制造、飞行培训和无人机物流等企业入驻,打造无人机产业特色孵化基地。

(三)强化政策扶持

推动全市战略性新兴产业基金在同等条件下给予航空航天产业项目优先支持。在两江自贸区探索设立"两江航空航天发展基金",为航空航天产业发展提供资金保障。建立航空航天产业项目库,择优遴选一批重点项目,协调银行等金融机构给予优惠贷款支持。加大研发创新支持,加快推动整机制造、航空发动机、新型合金材料等重点领域的研发创新。加大政府采购支持力度,积极推动研发产品应用推广。通过加大政府购买公共服务,发展旅游观光和空中婚礼等方式支持企业拓展通航运营服务。充分利用自贸区政策,进一步降低企业税费成本,支持融资租赁企业拓展通用航空整机采购、通用机场建设、航空专业设备采购、低空飞行服务保障系统等方面的金融服务。依托重庆市金融业发展优势,联合相关保险企业,促进通航融资租赁业务发展壮大。

推进重庆市金融科技产业
在"十四五"加快成长[*]

(2020年6月)

党的十九届四中全会明确提出,要健全具有高度适应性、竞争力的现代金融体系。金融科技作为数字化时代科技驱动的金融创新,既是现代金融体系的重要组成部分,也是现代金融体系建设的关键驱动力量。当前,重庆市正深入开展以大数据智能化为引领的创新驱动发展战略行动计划,围绕国家数字经济创新发展试验区建设,积极推进金融科技产业在"十四五"期间加快成长,更好地服务经济社会发展。

一、金融科技产业的当下和未来

(一)金融科技产业的内涵

金融科技本质是金融和科技的融合,是技术驱动的金融创新,旨在运用现代科技成果改造或创新金融产品、经营模式、业

---

[*] 课题组组长:童小平;课题组成员:金勇杰、王明瑛、陈军勇。

务流程等，进而推动金融业提质增效。近年来，广泛运用云计算、大数据、人工智能、区块链等各类先进技术，帮助提升金融行业运转效率的金融科技产业发展迅速，目前已覆盖支付结算、存贷款与资本筹集、投资管理、市场设施等多个细分领域。一方面带动了金融产业再升级，迎来发展新机遇；另一方面也给人们生产生活带来了更多改变和便利。根据我国金融科技产业的发展特点，从"新金融"和"新技术"角度来区分，金融科技产业主要有两大类市场主体：一类是利用互联网、大数据、云计算、人工智能和区块链等新兴技术，变革金融业务模式，提供创新型金融服务的科技金融类市场主体；另一类是为金融机构在客服、风控、营销、投顾和征信等服务领域提供云计算、大数据、人工智能和区块链等新兴技术支撑服务的金融科技类市场主体。

（二）国内外金融科技产业发展的总体态势

从全球看，金融科技技术不断走向融合，金融科技公司大量崛起，全新金融基础设施逐渐形成，金融科技应用开始成为金融业的一个核心环节，技术和应用的迭代升级正逐步打破金融业当前条件下的风险与效率平衡，进一步拓宽了金融的边界，"无科技不金融"成为行业共识。近年金融科技产业投融资总体活跃，据统计，2018年全球金融科技产业投融资至少有1097笔，总投资额达634.5亿美元，2019年初达到峰值后逐渐回落，2020年以来受新冠肺炎疫情等因素影响，投融资处在较低水平；从全球各地区比较来看，北美、西欧和亚太地区表现突出。

从国内看,近年来,国家高度重视金融科技应用对于促进金融业转型发展和强化金融监管能力的双重作用。2019年8月,中国人民银行印发《金融科技(FinTech)发展规划(2019—2021年)》,并提出到2021年,建立健全我国金融科技发展的"四梁八柱",进一步增强金融科技应用能力,实现金融与科技深度融合、协调发展,明显增强人民群众对数字化、网络化、智能化金融产品和服务的满意度。目前,北京、上海、广东等省市已分别制定和出台了区域性金融科技产业发展规划和政策措施。

(三)发展金融科技产业的重要意义

后疫情时代,金融科技产业发展加速,关键技术应用加快落地、金融科技与实体经济加快融合、基础设施建设加快推进、监管科技体系加快完善的趋势更加明显。国内外金融智库和研究机构普遍认为,未来全球金融业增长点在于金融科技,国际金融中心竞争也将聚焦金融科技。重庆市正在积极推进内陆国际金融中心建设,推动成渝共建西部金融中心(以下简称"两中心")。发展金融科技产业,既是建设"两中心"的重要内容,也是关键抓手,将有利于加快金融领域产品创新、技术创新和制度创新,有利于拓展金融产业边界、完善金融市场结构、扩大金融行业规模,有利于深化金融供给侧改革和防控金融风险,进一步增强金融资源集聚辐射能力,促进金融与实体经济的良性互动,对保持重庆经济社会发展良好势头具有重要现实意义,应尽力抢占发展先机。

二、重庆发展金融科技产业的现实基础

近年来,重庆市高度重视金融科技应用与拓展,在政策、资金、人力、环境投入上持续加力,金融科技产业发展已具备一定基础和较多有利条件。

(一)综合政策优势较为明显

2018年,重庆被中国人民银行等多部委确定为全国金融科技应用和金融标准创新建设双试点城市。2020年4月,又被中国人民银行纳入金融科技创新监管试点,在专项政策支持上具备较强的先发优势。同时,重庆依托自贸试验区、中新互联互通项目,已累计获批133项开放政策,率先在中、西部地区突破了跨境融资担保、外债切块管理等多项政策创新,积累了较为深厚的创新政策土壤。此外,金融科技产业发展与重庆市以大数据智能化为引领的创新驱动发展战略行动计划高度契合,配套支持政策相对完备,重庆市政府也出台了《关于推进金融科技应用与发展的指导意见》,为金融科技产业发展进一步明确了发展方向、具体路径和工作举措。

(二)金融产业体系相对完善

全市现有金融机构总数近1900家,是中、西部金融牌照最齐全的地区,金融产业的支柱产业地位突出,金融产品体系、市场体系相对健全,主要金融指标保持西部领先,整体产业基础较为扎实。

表1 2019年重庆主要金融指标统计

指标类别	项目/单位	数量
主要金融机构数量	银行业金融机构/家	108
	其中:1.法人银行	42
	2.法人非银机构	12
	保险机构/家	58
	其中:法人保险公司	5
	证券经营机构/家	288
	其中:法人证券公司	1
	小贷公司/家	275
	融资担保公司/家	116
金融业增加值	绝对值/亿元	2088
	同比增长/%	8.0
	GDP占比/%	8.8
存贷款	存款余额/万亿元	3.95
	存款余额同比增长/%	7.0
	贷款余额/万亿元	3.71
	贷款余额同比增长/%	15.1
保费收入	金额/亿元	916
	同比增长/%	13.7

(三)新兴金融业态发展迅速

重庆在互联网小贷、消费金融领域的发展处于全国前列,先后培育了马上消费金融、小米消费金融等一批代表性企业,支持阿里巴巴、百度、海尔等行业龙头先后在渝设立网络小贷公司,目前机构总量有52家，注册资本671.4亿元，累计放贷近1.4万亿元。同时，基于"银税互动"、知识价值、商业价值等开发了一系列创新信贷产品，推出40多个农业保险产品，资产证券化产品规模西部第一，金融创新活动在西部最为活跃。设立要素市场达15家，其中，保险资产登记交易系统、石油天然气交易中心是西部地区两个重要的全国性交易场所。这些新兴金融业态进一步完善了重庆的金融市场结构，促成了重庆金融新的发展格局。

（四）传统金融机构加速应用金融科技手段

辖内银行等传统金融机构注重金融科技融合，积极建设基于"ABCDI"及其他开源分布式技术的业务拓展、风险防控和中台支撑等项目，具体推进公共服务领域20余项金融惠民应用，实现金融应用与民生服务良性互促，同时积极推动与其他行业数据融合应用和技术验证，推出"好企贷"等创新产品，提供线上服务，有效满足量大面广的"短、小、频、急"金融需求，既增加了市场竞争活力，提升了金融服务效率，也有力推动了自身转型发展。

（五）一批金融科技重点平台和项目取得积极进展

获批在渝设立的国家金融科技认证中心，具有行业权威性和标志性，为全市推进金融科技产业发展注入了强劲动力。中（国）新（加坡）金融峰会连续成功举办，项下"金融科技促进普惠金融发展论坛""中新金融科技合作展望对话"等活动持续开展,中新金融科技联盟挂牌成立,初步搭建了与新加坡及其他"一带一路"沿线国家、地区的跨境金融科技合作平台。两江新区"江北嘴金融科技港"已吸引和汇聚多家金融科技企业入驻,金融科技产业聚集区雏形初现。重庆市大数据应用发展管理局牵头打造一站式融资服务平台"渝快融",利用大数据技术促进企业与金融机构精准对接,已累计实现较大规模融资。蚂蚁金服集团在重庆农村开展"智慧县域·普惠金融"合作项目,已覆盖全市一半以上涉农区县,有力促进了更多金融资源向重点领域和薄弱环节配置。

(六)金融生态环境总体良好

率先在全国搭建"1+6"金融风险防控体系。重庆依托债委会机制,防范化解重点企业信用风险,稳守各类金融风险底线,银行不良率、小贷不良率等主要金融风险指标优于中部地区及西部其他地区,成为全国的低风险地区之一。打击非法金融活动工作扎实有效,新发非法集资案件数量逐年下降,存量化解处置居全国前列。金融科技应用和金融标准创新建设试点工作总体进展顺利,为金融科技产业培育提供了良好环境。

同时,也应清醒地认识到,金融科技产业发展受到多种因素影响和制约,除面临竞争、技术、资金、政策等一般壁垒外,当前重庆在关联产业、专业人才、创新能力和系统规划等方面还存在不少短板。

三、努力推进重庆金融科技产业在"十四五"加快成长

"十四五"时期是我国转变发展方式、优化经济结构、转换增长动力的关键时期,应抓住现代产业体系重构机遇积极作为,切实增强创新能力和竞争力,推进重庆市金融科技产业加快发展。

(一)夯实金融科技产业发展基础

一是优化制度机制保障。认真贯彻《金融科技(FinTech)发展规划(2019—2021年)》,结合重庆市实际,做好中央部委在渝开展金融科技应用试点、创新监管试点和金融标准创新建设对应制度的衔接转化,用足用好专项支持政策。围绕落实重庆市推进金融科技应用与发展的指导意见和以大数据智能化为引领的创新驱动发展战略行动计划,在金融科技产业底层技术研发、准入管理、场景应用和市场主体培育等细分环节和领域加强制度创新与设计,完善配套政策,结合资源禀赋、借力组合政策、扬长避短研究制定和细化落实措施,加强重庆市金融科技发展规制建设,建立金融科技产业发展协调工作机制,加强产业发展研究和工作联动。

二是加快基础设施建设。依托全市政务数据资源共享系统,健全数据共享机制,打通数据"孤岛",提升跨行业数据资源利用能力,按照市场化原则,推动政务数据、社会数据、商业数据与金融数据的开放共享和互联互通,推动建设服务金融科技行

业发展的金融大数据服务平台,规范发展金融数据交易,为金融机构、金融科技企业提供优质公共(政务)服务。积极争取金融科技重大基础设施在渝落地,支持国家金融基础设施提升科技功能,支持保险资产登记交易系统、石油天然气交易中心两个重要的全国性交易场所更好发挥引领示范作用。

三是强化专业人才支撑。引导重庆高校院所加大金融科技基础研究与人才培养力度,支持重庆相关高校申请设立金融科技专业,规模化培养金融科技人才。适度扩大"重庆英才计划"金融人才规模,着力引进一批金融科技领军人才,构建国际化、高层次金融科技人才储备库。依托重庆市金融学会,联合有关部门、金融机构、科研院所,加强金融科技课题研究、学术研讨,为重庆金融科技产业发展献计献策,打造高水准金融科技人才智库。发挥重庆市作为中国国际智能产业博览会永久举办地、中新(重庆)战略性互联互通示范项目金融峰会和重庆国际人才创新创业洽谈会等平台优势,为重庆金融科技产业人才搭建交流平台。

(二)抓好金融科技产业(市场)主体培育

一是做大金融科技产业园区。结合金融科技产业现有基础和重点区资源禀赋优势,进一步优化金融科技产业在重庆市的空间布局,支持金融机构和金融科技企业在特定区域和楼宇聚集,形成"核心牵引、多点支撑、各具特色、互动协同"的重庆金融科技产业发展区域格局。

围绕"新金融",在江北嘴金融核心区、解放碑、弹子石CBD商务区打造金融科技专业服务核心区。吸引持牌金融机构,鼓励其在融资产品与服务、金融安全与监管、支付清算服务、智能营销与服务优化、身份认证、风控与反欺诈、智能投顾与智能投研、金融征信与社会信用服务等领域,利用金融科技创新金融业务模式,提供创新型金融服务,构建金融科技生态圈,实现科技、金融等机构有机统一、互动发展,促进先进信息技术产业和高效金融资本流动相辅相成。鼓励园区金融机构拓展金融增值服务,在投资者分析、资产配置、风险计量方面加强研发创新,推进智能投顾、智能投研平台的规范发展,产品认证与标准化服务。吸引集聚一批资产管理、基金、信托、投资等财富管理类机构。

围绕"新技术",依托"中国西部科学城(重庆)"、"中国智谷(重庆)"等战略性新兴产业集群、国家工业和信息化部物联网产业示范区、国家科技部移动通信产业基地、两江新区数字经济产业园丰富的科技、智力和金融要素资源,重点发展金融科技底层技术,吸引持牌金融机构金融科技子公司、互联网企业金融科技子公司聚集,建设金融科技协同创新平台、硬科技孵化器、硬科技加速器等,重点培育和聚集人工智能、大数据、云计算、区块链、生物识别等金融科技底层技术企业,形成金融科技底层技术创新集群。推动金融科技与战略性新兴产业的深度融合,创新金融科技与实体经济的结合模式,提升金融科技企业和新技术应用落地运营效率,形成新主体、新技术、新业态良性互动发展的全要素产业聚集区。聚焦金融业精准营销、大数据精算定价、人工智能核算和管理等领域，提供软件开发、大数据应用、云计算服务等新技术服务，拓展前沿科技在金融领域的应用与实践。构建科技资源为金融机构赋能、金融要素助力科技创新的良好格局。

　　二是做强金融科技产业机构（企业）。加大招商引资力度，吸引金融科技龙头企业、持牌金融机构、金融科技初创公司、国内外大数据服务商等各层次、各类型的金融科技市场主体落户重庆，通过财政补贴、资金贴息、纳税返还等方式，对拥有核心技术、核心资源的优质金融科技项目主体实行差异化激励政策。积极协助在渝金融科技龙头企业申请数字银行、智能投顾等新型金融牌照，建立"科技＋牌照"优势。支持底层技术企业加强面向金融机构的产品与服务创新，鼓励各类底层技术企业开展合作，在合规前提下，共同推动技术研发与创新应用。支持金融科技企业、金融机构联合设立金融科技孵化器，加快新技术应用推广与产品开发，构建涵盖技术研发、产品开发、企业孵化的全链条服务体系。有效运用各类投资基金，对金融科技领域基础性、关键性技术研发和试验给予资金保障，扶助初创型金融科技企业发展壮大。支持金融科技企业通过境外发债、跨境贷款、赴国外上市等方式筹集资金。

　　三是做活金融科技产业项目。在中国人民银行统筹指导下，用好金融委办公室地方协调机制，配合中央监管部门在准入管理、日常监管和风险处置方面进一步完善工作机制，持续完善创新试错容错和风险监控规则，积极构建并用好重庆特色"金融科技监管沙盒机制"。科学设计项目筛选、消费者选取、推出产品和服务的沙盒工作流程和运行模式,争取中国人民银行支持,在依法合规、确保安全及做好金融消费者保护前提下,加大金融科技监管沙盒机制的试点项目规模,为金融创新产品、服务、模式设置柔性的发展空间,包容合理创新。争取金融科技企业纳入地方"7+4类"机构的监管范畴,在中央监管部门制定标准规则和技术要求基础上,指导和授权地方监管部门对相关产业项目开展行为监管,深入挖掘沙盒机制引进项目、汇聚资源、创新孵化、风险管控、标准输出(验证)等功能,更好达成创新与监管平衡,把更多金融科技产业项目做活做好。

(三)积极拓展金融科技产业成长边界

一是拓展业务边界。围绕金融服务民生、中小微企业和"三农"等重点领域,聚焦提升金融服务覆盖率、改善城乡居民金融服务不平衡不充分问题等目标,通过资金流、信息流对接,引导金融机构、金融科技企业等加大研发创新和产业投入,推动金融服务模式升级、流程再造和数字普惠实现,加快全市金融业质量变革、效率变革、动力变革,促进金融服务可得性、便利性和满意度显著提升。

二是加强区域合作。抓住成渝地区双城经济圈建设机遇,利用两地教育、医疗、交通、旅游、政务等公共服务持续性的交流互通,加强区域金融科技产业合作,积极拓展服务范围和规模,大力支持金融科技企业跨区域研发和开展服务,推动更多数字新业态、新产业和新动能涌现,不断拓展应用场景需求,打造成渝两地的数字经济圈。

三是开展国际交流。在中新(重庆)战略性互联互通示范项目框架下,探索由重庆与新加坡共同推动创建政策先行先试、金融科技产业集聚的合作示范区。持续推动重庆与新加坡及其他东盟国家金融机构、科技公司开展广泛合作,大力引进国际国内金融科技项目,集聚一批金融科技研发、应用、服务企业和机构,打造重庆市金融科技的产业实体。在金融科技人才、技术、标准、知识产权、跨境电商、物流等方面,持续深化与新加坡和其他"一带一路"沿线国家合作,发展在线产业链金融、O2O商务、跨境移动支付等新型金融模式。

三

把重庆打造成立足西部、辐射东盟的西部金融中心*

（2020年12月）

近年来，重庆金融业坚持地方金融改革服务国家金融发展大局的基本原则，以金融改革创新为发展动力，围绕重庆加快建设西部金融中心的战略任务，加快培育高质量发展的新增长极，在经济社会发展中的贡献度持续巩固提升，并将在"十四五"时期推动形成新发展格局中展现新作为。

一、重庆金融业在"十三五"时期呈现良好发展势头

"十三五"时期，在重庆市委、市政府的坚强领导下，重庆金融业认真落实《重庆市国民经济和社会发展第十三个五年规划纲要》的部署安排，全面提升了金融服务实体经济的能力，显著增强了金融改革创新发展的新动能，形成了金融与实体经济融合发展的新格局，金融发展迈上了新台阶。

---

* 课题组组长：童小平；课题组成员：张洪铭、王明瑛、蒋玲。

一是金融支柱产业地位持续巩固。2015年，全市金融业增加值为1410.18亿元，占GDP比重为9%；2020年前三季度，全市金融业增加值就已增长至1711.11亿元，占全市GDP比重达到9.7%。金融业资产规模也由2015年底的4.2万亿元增长至2020年第三季度末的6.55万亿元。

二是金融组织体系不断健全。全国首家互联网消费金融、全国首家专业信用保证保险、西部首家民营银行等15个具有突破意义的金融机构在重庆落地，设有保险资产登记交易系统、石油天然气交易中心两个全国性交易场所，银行、保险业法人机构数量排名西部第一，在互联网小贷、消费金融领域的发展均处于全国前列，全市已形成包括银行、保险、证券、基金、信托、消费金融、资产管理等金融机构的全业态金融组织体系，机构门类在中、西部最为齐全。

三是金融基础设施体系建设不断增强。征信、支付、综合统计、国库、消费者保护以及金融后台服务体系等金融基础设施建设成效明显，全面升级了"重庆农村信用信息基础数据库"，实现与"金融精准扶贫信息系统"的信息资源整合，采集超过152.6万户农户信息，全市搭建中小企业信用数据库及信用服务系统36个，为10多万户中小微企业建档，金融运行的配套功能更加完善、保障更加有力。

四是金融开放态势总体向好。依托自贸试验区、中新互联互通示范项目，累计获批133项金融开放政策，率先在中、西部地区实现跨境融资担保、外债切块管理等多项政策创新，创新政策加速聚集，跨境REITs（不动产投资信托基金）、跨境资产转让率先在西部取得突破,多层次跨境融资通道基本建立。截至2020年9月末,重庆与新加坡跨境结算和投融资累计367.8亿美元,重庆银行业支持中新项目建设融资余额468亿元,为陆海新通道建设发放贷款1500亿元。

五是金融生态环境保持良好。成立由市政府主要负责人担任组长的重庆市金融工作领导小组,落实防范化解重大金融风险攻坚战实施方案,金融营商环境、法治环境、政策环境、政务环境和中介环境得到明显改善。制定完善担保风险监测预警指引、小贷行业监管评价体系等制度规范,进一步健全社会信用体系,金融监管体系更加健全高效,金融机构风险管理水平位居全国前列,债券兑付实现零违约,新发非法集资案件逐年下降,银行不良率、小贷不良率等主要金融风险指标优于中部地区及西部其他地区,成为全国的低风险地区之一。

二、"十四五"时期重庆将致力于打造立足西部、辐射东盟的西部金融中心

当前,重庆金融系统深入学习贯彻党的十九届五中全会精神和习近平总书记关于金融工作的重要论述,坚持新发展理念,主动融入成渝地区双城经济圈建设,科学谋划"十四五"发展。

在"十四五"时期,重庆按照中央关于金融服务实体经济、防控金融风险、深化金融改革的总要求,遵循市场化、法治化、国际化原则,逐步构建与高质量发展和高品质生活相适应的现代金

融体系,要全面提升金融服务成渝地区双城经济圈"两中心两地"(即具有全国影响力的重要经济中心、科技创新中心、改革开放新高地、高品质生活宜居地)建设的能力,着力提升多层次资本市场、财富管理、绿色金融、金融科技和跨境金融等重点领域改革创新水平,显著增强金融资源集聚能级、辐射力和影响力,打造立足西部、辐射东盟的西部金融中心。为此要在以下方面发力:

第一,建设具有国际竞争力的金融机构体系。一是推动特色金融机构集聚。支持在渝设立银行理财、金融科技、保险资管、相互保险、再保险、信用增进、消费金融、金融租赁、地方资产管理、汽车金融、货币经纪等新型金融法人机构,鼓励发展总部金融机构,允许金融机构按程序申请在渝布局区域总部和设立各类后台服务中心。二是完善金融配套和专业服务机构。支持国际国内知名会计师事务所、律师事务所、资产评估机构、信用评级机构在渝设立分支机构或区域性总部,鼓励重庆企业发起设立征信机构和信用评级机构,打造"融智"中心,推进设立金融研究院。三是推动跨区域金融合作。推动建立西部陆海新通道、长江经济带联合授信机制,支持开发性、政策性金融机构结合职能定位和业务范围,加大对西部陆海新通道关键领域和基础设施项目的资金投放。

第二,建设全面服务高质量发展的金融产品体系。一是加强绿色金融改革创新。创建重庆市绿色金融改革创新试验区,支持重庆成为中欧绿色金融标准认定及应用试点城市,在碳排放计量和认证、零碳技术孵化与应用等方面加强与欧盟合作。

二是发展消费金融。发挥好直销银行、网络小额贷款公司、消费金融公司等机构的功能,打造线上消费贷款场景,创设行业标准,规范发展消费信贷,促进消费信贷模式创新。三是大力发展贸易金融。引入合格战略投资者,打造集境内外动产抵押登记、货物物联网监管、投融资对接服务及融资增信服务于一体的"一站式"综合金融服务平台,构建跨区域的"物流+金融+商贸"生态圈。

第三,建设具有区域辐射力的金融市场体系。一是深化市场互联互通。在中新(重庆)互联互通示范项目框架下,建立资金和产品互通机制,适时推动重庆与新加坡之间债券、基金、理财等业务合作。二是推动区域性资本市场创新发展。创新建设重庆"新四板",支持重庆股份转让中心开展区域性市场制度创新和业务创新试点,探索有利于发挥市场功能的交易机制创新。三是打造跨境综合金融服务市场。设立跨境商品交易、多式联运物流交易及投融资对接交易中心,探索推进跨境商品交易、物流运力交易,通过投融资对接推动融资、增信一体化。

第四,建设金融和科技深度融合发展的金融创新体系。一是实施金融科技示范工程。高水平建设国家金融科技认证中心,打造一流的权威专业化认证机构;规划建设中新金融科技合作示范区,大力引进国际国内金融科技项目,打造金融科技要素集聚高地。二是加快金融科技成果转化和应用。开展金融科技领域基础、共性和关键技术研发以及重大应用试点示范;鼓励金融机构优先安排新业态、新模式、新产品试点,探索发展智能投顾等金融科技新业态;设立综合性金融服务平台,支持在符合条件的前提下对接动产抵押登记系统,聚焦供应链金融服务,着力服务小微企业融资,积极发展应收应付账款、订单、运单、仓单等电子票据融资。三是推动金融科技审慎监管。研究探索适用于我国的金融科技监管创新试点机制,允许在风险可控范围内开展新技术试点验证;探索建立数字化监管规则库;建设区域性金融科技监管信息平台,完善辖区内监管数据采集机制和监管信息互联互通机制。

第五,建设支持全球资本配置的金融开放体系。一是建立适应改革创新的开放账户体系。开展本外币合一银行结算账户体系试点,探索建立与重庆自贸试验区相适应的本外币账户管理体系,支持自贸试验区持续探索更加便利化的跨境金融创新。二是提高人民币跨境使用便利度。鼓励重庆在与东盟国家对外贸易合作中使用人民币计价结算,在银行、保险、理财、资管、基金、融资租赁、债券等方面推动以人民币计价的业务创新,研究探索基于区块链等新兴技术的跨境人民币支付清算试点。三是推进跨境金融服务创新。支持符合条件的金融机构开展跨境发债、跨境投资并购、跨境证券投资、跨境保险资产管理和跨境资金集中运营等跨境金融服务;扩大跨境金融区块链服务平台试点,结合实际需求研究探索在区块链服务平台上推出更多改善中小企业金融服务、支持国际陆海贸易新通道建设的应用场景。

第六,建设法治化信息化的金融生态体系。一是提升金融法治水平。探索推进地方金融立法实践和金融法院建设,设立互联网法院或参照互联网法院建立在线审判机制,探索互联网信息技术、大数据、区块链、人工智能等在金融纠纷案件立案、庭审、判决、送达等工作中的应用。二是健全社会信用体系。建设重庆征信公司，促进公共信用信息与金融等市场信用信息融合互动，推进社会信用体系一体化建设，提高信息采集的广度和深度。三是深化金融监管协作。加强中央金融监管部门驻渝机构与地方监管部门在信息共享、风险处置、业务发展和消费者保护等领域的协调配合，支持金融委办公室地方协调机制有效履职；加强与新加坡等东盟国家间跨区域监管合作，健全服务于内陆国际金融中心建设的高效监管体系。

三、打造（西部）金融中心服务经济社会发展

回顾"十三五"，重庆金融业取得的成绩来之不易。展望"十四五"，重庆金融业将坚持贯彻党的十九届五中全会精神和市委五届九次全会精神，主动服务国家战略，加快西部金融中心建设步伐，构建金融有效支持实体经济的体制机制，提升金融科技发展水平，大力发展绿色金融、普惠金融，积极探索融入新发展格局的有效路径，发挥好重庆在国内国际双循环中的战略作用。

在推进金融中心建设中，要始终坚持金融改革开放的原则，坚持市场化改革导向，充分发挥市场在金融资源配置中的决定性作用，更好地发挥政府的作用，着眼长远发展，推动有效市场和有为政府更好结合，持续推进金融供给侧结构性改革，深化"放管服"改革，依托各类开放平台加强金融开放政策创新，努力营造优良的金融营商环境；要始终强化金融防控意识，坚持金融

创新与加强监管并重,引导鼓励金融创新,健全与金融创新相匹配的金融监管能力,建立与金融创新适配的金融监管体制机制,把金融监管融入金融创新全过程,实现在创新中监管,在监管中创新,健全金融风险监测、评估、预警和处置体系,坚决守住不发生系统性金融风险的底线;要始终坚持服务实体经济发展的根本,坚持回归本源,把服务实体经济发展作为金融业发展的出发点和落脚点,主动服从服务于全市经济社会发展,实现金融与实体经济良性互动、共生共荣;坚持优化结构,完善金融市场、金融产品和金融服务,增加直接融资,优化间接融资,激发市场活力,提高金融资源配置效率。

对重庆产业空间布局的认识[*]

(2020年6月)

　　为贯彻落实习近平总书记对重庆提出的"两点"定位,"两地""两高"目标,发挥"三个作用"和营造良好政治生态的重要指示要求,深化关于加快成渝地区双城经济圈现代产业体系建设的重要部署,把习近平总书记的殷殷嘱托全面落实在重庆大地上。突出统筹规划、分类指导,推动"一区两群"协调发展和川渝毗邻地区融合发展,聚焦产业发展做强项,突出建基地、强链条、聚要素,坚持创新驱动,推进数字产业化、产业数字化,加快建设"智造重镇"和"智慧名城";坚持绿色发展,推进生态产业化、产业生态化,推动"绿水青山"转化为"金山银山"。优化产业空间布局,加强产业空间保障,加快构建高效分工、错位发展、有序竞争、相互融合、高质量发展的现代产业体系。

---

[*] 课题组组长:吴家农;课题组成员:熊义俊、严晓光、吴东平。

一、构建产业空间总体格局

(一)优化"一区两群"产业空间格局

立足资源禀赋和产业基础,顺应发展趋势,着力建设链群完整、生态完备、特色突出的国家先进制造业重镇。以建设可持续发展的现代产业体系为主线,引导"一区两群"差异化的产业空间布局。主城都市区以"数字产业化、产业数字化"为导向,瞄准优势产业集群,重点培育壮大现代服务业、高技术制造业和战略性新兴产业,做大产业规模,推动产业融合发展。其中,中心城区着力提升产业创新能力,加快集聚高附加值产业,转型升级传统产业,重点发展高端生产服务业、生活服务业和高端制造业核心环节;主城新区重点承接产业转移、壮大产业规模,培育优势制造产业集群,积极发展物流、金融后台、休闲旅游等现代服务业。"两群"地区以"产业生态化、生态产业化"为导向,加快发展生态旅游、生态农业和绿色工业等绿色产业。其中,渝东北三峡库区城镇群,重点以万州为支点在万、开、云优势区域集聚发展先进制造和区域性服务业,辐射带动渝东北、川东北区域产业发展;在平行岭谷地区积极发展绿色工业和高效农业;在三峡库区和大巴山区着力发展长江三峡生态旅游和现代山地特色高效农业。渝东南武陵山区城镇群,重点以黔江、秀山为支点,培育区域性服务业,适度发展特色资源加工业等绿色工业;在中山区域,以生态保护为前提,以"文旅+"深度融合为引领,大力发展民俗风情生态旅游和现代山地特色高效农业。

（二）强化主城都市区创新空间布局

立足主城都市区资源禀赋条件，适应经济发展新常态，抢抓信息技术新变革，坚持大数据智能化引领协同创新，构建更加完备的产业体系，打造更有特色的优势产业，形成更高层次的创新驱动，培育更加良性的产业集群。

突出中心城区科技创新引领地位。西部槽谷以重庆高新区为核心，统筹北碚、沙坪坝、九龙坡、江津、璧山等区域，建设中国西部（重庆）科学城。东部槽谷以广阳岛长江生态文明创新实验区，联动两江协同创新区、中国智谷，构建绿色创新集聚区。以轨道快线串联科学城、礼嘉半岛与两江协同创新区，打造重庆智能创新带。着力布局国家重大科技基础设施、国家科技创新基地、科技展示平台，提升创新能级和创新影响力，建设一批联合实验室和联合研究中心，打造"一带一路"科技创新合作区、国际技术转移中心和技术交流中心。

加快构建产业创新走廊。沿成渝（渝蓉）、渝遂成、兰海3条高速公路建设三大"科技创新走廊"，聚焦大数据智能化，推动智能制造、智能建造、智慧文旅、信息安全等产业技术创新，培育一批具有国际竞争力的战略性新兴产业集群。沿长江流域建设长江上游"科技创新带"，突出技术应用示范和科技成果产业化，推动沿江生态保护、库区生态农业等区域产业创新发展。发挥中国西部（重庆）科学城、两江新区的双引擎作用，引领带动走廊上各高新区、经开区等功能平台，集聚高端创新要素，增强协同创新能力。

优化布局创新园区、创新街区和创新生态圈。依托国家级和市级高新区,加快建设全域性、普惠型工业互联网和数字普惠金融,着力布局行业级、区域级公共创新服务平台,着力建设技术创新与成果转化类科技创新基地,打造创新园区。依托创意设计人才集聚区域、历史文化街区等城市特色资源集聚片区,利用老旧厂房、老旧小区、空置楼宇等存量建筑,兴办创新工场、创客空间等众创空间,打造创新街区。围绕高等院校、科研院所、重点实验室等创新主体,形成创新生态圈。

二、打造先进制造业集群

(一)构建先进制造业体系

壮大以智能产业和战略性新兴产业为核心的先进制造业集群,推动电子、汽摩、装备、化工、材料、消费品等传统制造业优化升级,促进制造智能化、服务化、绿色化、品牌化发展,集中打造"智造重镇""智慧名城"。发挥工业园区平台支撑作用,引导特色优势产业集聚发展,培育若干特色化产业基地,建设一批千亿级园区。依托园区"小集群"共建区域"大集群",推动智能产业、高端装备制造、新能源汽车、节能环保等打造万亿级产业集群。构建"芯屏器核网"智能产业全产业链,推动数字经济与实体经济深度融合,深化军民融合发展,改造升级传统制造业,主动承接我国东部优质产业转移,培育战略性新兴产业,实现支柱产业向高端迈进。

(二)优化先进制造业空间布局

强化主城都市区先进制造业核心地位,推动中心城区产业高端化发展,强化周边制造配套支撑。突出先进制造业基地服务中心、产业创新中心、成果转化中心和新兴产业核心基地定位,重点布局两江新区数字经济产业园、西永微电园、重庆经开区、重庆高新区等国家级开发平台。在江津、合川、永川、涪陵、璧山、长寿等建设一批智能特色产业基地,突出新型工业化主战场和国家先进制造业基地重要支撑定位,重点布局江津双福大数据智能产业园、合川信息安全产业城、永川中德(重庆)智能产业园、涪陵鑫源汽车产业基地、璧山人工智能产业园、长寿中科未来城、南川中医药科技产业园、綦江食品工业园、铜梁新能源产业园、潼南环保科技产业园、荣昌陶瓷产业园等特色化产业基地。适度提高制造类企业集中的开发区配套用地比例,采取整体出让、集中开发等方式,推动生产制造和生活服务等功能适度混合。

以中心城区和支点城市为核心,打造优势制造业集群板块。依托成渝交通走廊,协同中心城区、璧山、江津、合川、永川、大足、铜梁、潼南、荣昌等地区,形成以电子信息、汽车摩托车和装备制造为重点的集群板块;依托沿江交通走廊,协同中心城区、涪陵、长寿等区,形成以生物医药、材料、汽车为重点的集群板块;依托渝黔交通走廊,协同中心城区、綦江—万盛、南川等地区,形成以材料、装备制造为重点的集群板块。渝东北以万州为核心,协同开州、云阳、梁平、丰都、垫江、忠县等区县,形成以消费品、材料、生物医药、装备制造为重点的集群板块；带动城口、奉节、巫山、巫溪，形成以适度发展材料、消费品为重点的集群板块。依托渝湘交通走廊，渝东南以黔江、秀山为核心，协同武隆、石柱、酉阳、彭水等区县，形成以适度发展生物医药、材料、消费品为重点的集群板块。

三、提质发展现代服务业

（一）构建现代服务业体系

坚持国际化、高端化、专业化、融合化、集聚化方向，推动现代服务业高质量发展。以引领经济高质量发展、服务居民高品质生活为导向，积极发展金融服务、现代物流、技术服务等生产性服务业，推动生产性服务业向专业化和价值链高端延伸；提档升级文化旅游、大健康服务等生活性服务业，推动生活性服务业向精细化和高品质升级；努力打造国家消费中心城市、内陆国际金融中心、国际物流枢纽和口岸高地、国家数字经济创新发展试验区。

（二）优化现代服务业空间布局

着力提升主城都市区服务能级，促进中心城区建设国际性高端服务业集聚区，区域中心和支点城市建设区域性现代服务业集聚区，区县打造专业化、特色化服务业集聚区。

中心城区重点围绕国际金融、国际物流、研发设计、现代商贸、会议会展、都市文化旅游等产业，打造一批国际性高端服务业集聚区。加快建设江北嘴—解放碑—弹子石内陆国际金融中心核心区。着力建设"1+3"国际物流分拨中心运营基地，即两江新区多式联运物流分拨基地、沙坪坝铁路物流分拨基地、渝北航空物流分拨基地、巴南公路物流分拨基地。依托重庆两江新区、重庆高新区、重庆经开区建设研发设计和技术服务基地。建设国际消费集聚区，改造提升解放碑国际文旅消费中心，提档升级观音桥、南坪、沙坪坝等传统商圈，扩容大坪、嘉州等新兴商圈，发展"夜间经济"。

区域中心和支点城市重点围绕区域性商贸服务、现代物流、技术服务和区域性文化、教育、医疗等生产、生活服务业，打造一批区域性现代服务业集聚区。重点提升城市商圈、商务区和专业化市场建设水平，打造区域性商贸服务中心。依托交通物流枢纽，建设一批区域性物流园和多式联运示范基地，配套建设贸易市场。依托产业园区，打造区域性科技成果转化和产业创新基地。提升三甲医院建设水平，建设优质本专院校、职业学校和优质中学，打造区域性医疗和教育中心。

长寿、江津、璧山重点规划建设服务外包产业园、现代物流产业园，南川规划建设大健康服务产业基地，忠县规划建设电竞产业基地，鼓励其他区县因地制宜建设各具特色的现代服务业基地和休闲康养基地。大足、铜梁、潼南、荣昌、秀山等桥头堡城市规划建设省际商贸物流中心。梁平规划建设川渝东北部农林产品交易及冷链物流基地，鼓励南川、开州、城口、垫江、巫山、巫溪、酉阳等有条件的省际毗邻区县建设专业化的省际商贸物流基地。

(三)统筹协调全域文旅产业布局

大力发展文化旅游业,推动四川、重庆共建巴蜀文化旅游走廊,构建巴蜀文化精品旅游线路、文化旅游品牌、文化旅游公共服务体系,打响大都市、大三峡、大武陵旅游品牌,建设具有国际范、中国风、巴蜀韵的重要旅游目的地。加快建设中央游憩区、文化街区、旅游小镇、美丽休闲乡村、森林人家、家庭牧场、旅游营地等特色鲜明的旅游度假区,打造一批跨区域的特色旅游精品线路。完善旅游配套设施建设,加快建设旅游公路和旅游集散中心。重点以中心城区建设国际一流旅游集散中心,以万州、黔江、巫山、秀山、武隆等城市建设区域旅游集散中心,鼓励各区县依托县城交通网络及知名景区景点集散功能建设多个小型集散中心和服务点。

四、建设现代特色高效农业

(一)构建现代农业体系

全产业链培育现代特色高效农业,培育高产高效粮油、优质柑橘和柠檬、以生猪为重点的现代畜牧业、鲜食加工兼备的蔬菜、生态茶叶、道地中药材、调味品、生态渔业、巴蜀美丽宜居乡村旅游九大产业集群,建设西部农业科技创新中心、长江上游现代农业种业发展高地。推进农业"接二连三",促进产加销、农文旅一体化,推动农业与农产品精深加工、乡村旅游和农村电商服务业融合发展。

(二)优化农业生产布局

引导三类农业发展分区差异化发展,因地制宜布局粮食生产功能区、重要农产品生产保护区和特色农产品优势区,着力建设特色农产品优势基地、"一镇一特"产业强镇、"一村一品"示范村,完善农业产品交易、运输、仓储、包装加工、综合服务等功能,建设成渝现代高效特色农业带。

丘陵—岭谷农业发展区重点布局粮食生产功能区和重要农产品生产保护区,以发展都市现代农业为核心,围绕高产高效粮油、优质柠檬、蔬菜、调味品、生态茶叶、乡村旅游等产业,建设城市"菜篮子"产品重要供给区、农业现代化示范区、休闲农业和生态农业示范区。平行岭谷农业发展区适当布局粮食生产功能区和重要农产品生产保护区,以发展高效现代农业为核心,围绕优质粮油、蔬菜、现代畜牧、生态渔业、优质柑橘和柚竹等产业,建设规模化农业生产基地。山地特色农业发展区重点布局山地特色农产品优势区,以发展山地特色农业为核心,围绕优质柑橘、高山生态蔬菜、生态茶叶、中药材、调味品、生态畜牧以及其他特色农林产品业,建设特色优势农产品生产与加工基地。